JN441116

크리스천 자녀들이 읽어야 할 필독서

행복한 양치기 3

- 소명아 봉사 가자! -

김승리 지음

쿰란출판사

추천의 글

《행복한 양치기》, 《행복한 양치기 2》에 이어 《행복한 양치기 3》은 세상의 모든 봉사자가 공감할 만한 이야기로, 김승리 선교사가 자신의 사역과 봉사의 삶에서 얻은 감동을 사춘기 딸 소명이에게 전하는 형식으로 쓰였습니다.

김승리 선교사는 소명이가 하나님이 기뻐하시는 삶을 살며, 사랑이 넘치는 나눔을 통해 하나님의 청지기로 살아가길 바라는 마음으로 이 책을 썼습니다. 그러나 이 책은 단지 한 아버지가 딸에게 전하는 이야기가 아니라, 이 시대 모든 하나님의 자녀에게 들려주는 귀한 메시지이기도 합니다.

김승리 선교사의 사역은 단순한 치과 진료에 그치

지 않습니다. 그는 고가의 임플란트까지 무료로 시술해 주고, 키르기스스탄의 시골 마을에는 방앗간과 대장간을 세워주었으며, 양과 말을 빌려주는 '양말은행'을 통해 마을 사람들이 스스로 자립할 수 있도록 계속 돕고 있습니다. 또 배나무, 딸기, 고구마, 배추, 고추 등을 심어 과부와 노숙자를 돌보고, 그들과 함께 교회를 세워가는 일에도 헌신하고 있습니다. 이 모든 것은 이것을 하나님이 주신 사명이라 믿고 순종으로 걸어가는 그의 삶의 열매입니다.

저자는 대전 즐거운치과의원의 파송 선교사로, 그의 진료는 누구도 흉내 낼 수 없는 '나눔의 진료'입니다. 그 안에는 따뜻한 마음과 열정이 담겨 있으며, 무엇보다 하나님의 선한 청지기로서 맡겨진 소명을 충성스럽게 감당하는 순종의 모습이 있습니다.

> "네가 어디에 있든, 어떤 일을 하든 항상 하나님께 묻고, 하나님과 함께 걸어가렴. 준비된 사람에게는 하나님께서 반드시 더 큰 복을 허락하실 거야. 아빠는 오늘도 소명이가 하나님의 복을 누리는 사람이 되길 기도한단다."

부모가 자녀를 양육하다 보면 종종 훈계하듯이 대하기가 쉽지만, 저자는 자신의 삶에서 들려오는 하나님의 음성에 따라 자녀인 소명이에게 그 마음을 전하고 있습니다. 예수님의 사랑을 실천하는 마음으로 환자들을 치료하며, 거기서 들었던 하나님의 음성과 예수님의 사랑을 편지로 써 내려갑니다.

누구나 나눔과 섬김이 귀하다는 것을 알지만, 실제로 저자처럼 자신의 것을 하나님의 것이라고 여기고 다른 사람들과 나누는 일은 쉽지 않습니다. 그러나 그는 그것을 '희생'이라 부르지 않습니다. 오히려 나눔에서 더 큰 기쁨을 얻는다고 고백합니다. 그리고 그가 그처럼 즐겁게 나눌 수 있는 것은 전적인 주님의 은혜라고 말합니다.

"아침에 눈을 뜨자마자 '예수님!' 하고 불러보

렴. 그 순간 예수님의 미소가 네 마음 깊숙이 스며 들 거야."

아침에 하나님께 기도하며 하루를 시작하는 아버지의 모습과 말씀 묵상 시간을 통해 주신 말씀을 딸과 나누면서 딸이 매일 말씀을 묵상하고 주님의 가르침대로 살아가기를 바라는 아버지의 모습이 큰 도전이 됩니다.

자신의 소유가 없어지고 자존심이 짓밟히더라도 누군가에게 예수님의 사랑을 전하는 일을 멈추지 않는 김승리 선교사의 삶을 진심으로 응원하며 존경합니다.

이 책은 딸에게 전하는 한 아버지의 편지이지만, 동

시에 이 시대의 모든 부모와 자녀, 그리고 봉사와 나눔에 헌신한 이들이 꼭 읽어야 할 귀한 책이라고 믿습니다.

대전 즐거운치과의원 대표원장,
대전 늘사랑침례교회 안수집사
김기섭

추천의 글

이 책은 키르기스스탄의 김승리 선교사님이 사랑하는 딸에게 자신의 사역을 알려주고 마음을 함께 나누고자 쓴 아름다운 이야기입니다. "아빠의 보물은 키르기스스탄이란다." 이 말처럼 선교사님은 이곳 키르기스스탄에서 많은 것을 나누어주며, 이 땅이 주님의 보물이 되기를 바라는 마음으로 헌신하고 있습니다.

키르기스스탄은 현재 개발도상국으로 경제적으로 열악하고 시설적으로도 낙후되어 있지만, 하나님께서 주신 아름다운 자연과 기후에 한국의 선진 기술이 접목되면 놀라운 변화가 일어날 것으로 기대합니다. 마치 한국에서 초창기 선교사들이 가져와 심은 사과가 대구와 경북의 명물이 되었듯이, 이 땅에서도 그런 기적이 피어오르기를 소망하고 있습니다.

무엇보다 이 책의 모든 이야기에는 그리스도의 복음과 그리스도인의 삶이 녹아 있습니다. 세상이 이해할 수 없는 깊은 사랑과 섬김, 그리고 소망이 따뜻한 봄기운처럼 퍼져 나갑니다. 이 책에서는 그런 생명력이 가득한 기쁨을 얻을 수 있습니다.

치과 의료 선교사로서 선교사님은 자신의 전문 분야뿐 아니라 농업과 축산업에까지 관심을 가지고 자신이 할 수 있는 모든 것에 도전하고 있습니다. 단순히 치과 치료만 제공하는 것이 아니라, 자신이 가진 모든 것을 아낌없이 나누며 선교의 지경을 넓혀가고 있습니다.

선교사님과 대화를 나누다 보면, 문득 어디서 그런

사랑과 기쁨이 솟아나는지 궁금해집니다. 함께 있으면 마음이 따뜻해지고, 의욕과 열정이 살아나는 놀라운 일을 경험하게 됩니다. 선교사님은 마치 동화 《아낌없이 주는 나무》를 떠올리게 하는 분입니다.

단순히 치아를 뽑으러 온 할머니에게도, 주님께 실시간으로 묻고 응답을 받으며, 틀니보다 임플란트를 시술해 드리려는 마음으로 사랑을 실천합니다. 요즘은 예수 동행으로 더욱 주님과 친밀히 동행하며, 그 영적인 삶도 더욱 깊어지는 것 같습니다.

무료 치과 봉사를 하면서도 선교사님은 세상의 기준이 아닌 하나님께서 주시는 기쁨으로 살아갑니다. "'교회 다니는 바보들은 선교하고 봉사하는 데 돈을 다 쓴다며?' 그런 소리를 들을 수 있으면 좋겠어." 그 마음이 고스란히 나에게도 스며듭니다.

마지막 글에서 선교사님은 딸에게 이렇게 말합니다. "아빠는 꽃씨를 심는 삶을 살고 싶단다."

임플란트 꽃씨, 틀니 꽃씨, 그리고 사랑의 꽃씨. 3년, 5년, 10년이 지나면 이 땅에 그 꽃들이 만발할 것입니다. 오랜 세월이 흐른 후, 이 땅의 다음 세대가 그 꽃과 열매를 수확하며 한국의 선교사들을 기억할 것입니다. 그리고 그들의 마음에도 복음이 심길 것입니다. 그 날을 두 손 모아 기도합니다.

키르기스스탄 예수동행 파송 선교사

박영배

《행복한 양치기 3》을 시작하며

저는 키르기스스탄의 작은 시골 마을에서 치과 의료 봉사를 하며, 마을 사람들과 함께 더불어 살고 있는 김승리 선교사입니다. 그동안 이곳에서의 삶을 바탕으로 쓴 《행복한 양치기》와 《행복한 양치기 2》가 출판될 수 있었음에 감사드립니다. 이곳에서 살다 보면 삶을 기록하는 것만으로도 소설이 됩니다.

이번에 출간하게 된 《행복한 양치기 3》은 《행복한 양치기》, 《행복한 양치기 2》에 등장했던 빅터르 선교사의 이야기입니다. '빅터르'는 이곳 언어로 '승리'라는 뜻입니다. 마을에서 봉사하고 동네 사람들과 어울리면서 어떤 마음을 가져야 지치지 않고 즐겁게 할 수 있을지를 생각하다 이 책을 쓰게 되었습니다.

이 책은 소설이라기보다는 이곳에서 경험한 하나님과 봉사의 기쁨을 수필처럼 기록한 것입니다. 특별히 딸에게 보내는 편지 형식으로 적어 보았습니다. 한 아버지가 딸에게 들려주는 이야기지만, 독자 모두에게 하는 이야기라고 생각하면 더 큰 은혜가 있을 것입니다.

처음 선교를 시작했을 때 하나님께서는 주님의 이름으로 틀니 1,000개를 만들라는 음성을 들려주셨습니다. 주님만 생각하며 기쁨으로 만들다 보니 3,000개 이상의 틀니를 만들어 사람들에게 해드렸습니다. 주님은 임플란트도 해주라고 하셨습니다. 그래서 지금은 임플란트 시술 봉사를 주로 하고 있습니다.

이렇게 봉사하다 보니, 봉사는 내 안의 사랑이 중요하단 생각이 들었습니다. 내 안에 사랑이 있으면 지치지 않고, 아깝지 않고, 즐거운 봉사가 됩니다. 이 사랑의 마음을 계속 키워 그것이 주님의 봉사가 되어야 참 기쁨이 찾아옵니다. 그렇게 예수님과 동행하며 봉사할 때 진정한 하나님의 봉사가 된다는 것을 깨달았습니다. 그래서 지금은 매일 매 순간 예수님께 묻고 대화하려고 봉사하면서 글을 쓰다 보니, 이렇게 한 권의 책이 되었습니다.

제 딸 이름이 소명이입니다. 매일 딸에게 편지를 쓰는 마음으로 글을 쓰다 보니 '소명아, 봉사 가자'라는 제목이 되었습니다.

이 글을 읽는 모든 분 역시 예수님과 동행하는 가운데 진정한 봉사의 기쁨을 경험하시기를 간절히 기도합니다. 감사합니다.

2026년 1월

저자 김승리 선교사

차례

1부

아빠의 보물은 키르기스스탄이란다

사랑이라는 씨앗

오늘은 아빠가 모세센터에 다녀왔단다.

모세센터는 노숙자 열여덟 분이 사는 곳이란다.

문을 열고 들어서자마자, 방앗간 앞에 사람들이 줄 서 있는 모습이 보였어. 기다리는 사람이 많더구나. 방앗간을 이용하기 위해 차를 세우고 순서를 기다리며 서 있었던 거야.

이 방앗간은 아빠가 5년 전에 지어준 곳이야.

노숙인분들이 수입을 얻을 수 있도록 작은 방앗간을 만들어 드렸거든.

100만 원으로 만든 작은 방앗간이지만, 이 일대 일곱 개 마을 중 유일한 곳이야. 그래서 사람들이 멀리서도 찾아오고, 덕분에 운영하시는 노숙인분들도 수입이 생겼단다.

이 방앗간은 알렉산드리아 아저씨와 안드레이 아저씨가 관리하고 계시는데, 두 분 다 예전에는 노숙인이었단다.

처음 만났을 때부터 두 분은 서로를 의지하며, 얼굴만 봐도 미소를 짓는 그런 친구 사이였어. 그분들의 우정을 보고 있으면 참 가슴이 따뜻해지더구나!

하지만 안타깝게도 요즘 알렉산드리아 아저씨는 치매 증상이 생겼어.

그래도 꿈이 있다면, 이곳에서 편안하게 생을 마치는 것이라고 하셨단다.

이제는 모세센터가 단순한 쉼터가 아니라, 이분들의

집 그리고 가족이 있는 곳처럼 되어버린 것 같아.

아빠는 이번에 이곳 분들에게 도축장을 만들어 드리려고 해.

이곳에는 양을 깨끗이 도축할 만한 시설이 없단다. 그러다 보니 냇가 같은 곳에서 양을 잡는 경우가 많아. 그래서 위생적으로 양을 잡을 수 있는 공간을 만들어주고 싶은 거야.

벽돌로 작은 집을 짓고, 수도시설을 설치하고, 스테인리스 작업대와 고리를 달고, 작은 냉동고까지 마련할 계획이야.

비용은 200만 원 정도 예상하고 있어. 재료만 사주면 노숙인분들이 손수 짓기 때문에 어렵지 않을 것 같아. 큰 금액이지만, 이 작은 도축장이 노숙인분들과 마을 분들에게는 큰 도움이 될 거야.

아빠는 사실 길거리에서 노숙인을 보면 쉽게 다가가지 못했단다.

그런데 모세센터에 오면서, 이곳의 노숙인분들과는

친근하게 지낼 수 있었어.

왜 그럴까 하고 곰곰이 생각해 보니, 나에게도 선입견이 많았던 거야.

우리는 흔히 이렇게 생각해.

'저 사람은 왜 저렇게 되었을까?'

'노숙자가 된 것도 본인 탓이 아닐까?'

하지만 가까이에서 보니 전혀 그런 게 아니었어.

그분들도 예전에는 우리처럼 꿈을 꾸고 살아가던 사람들이었어.

살다 보니 어려움이 닥치고, 한순간의 선택이 그분들의 삶을 바꿔버렸을 뿐이지.

소명아, 키르기스스탄에는 이런 말이 있단다.

"내 안에 미움이 많으면 세상은 미운 것으로 가득 차 보이고, 내 안에 사랑이 많으면 세상은 온통 사랑으로 보인다."

즉, 우리가 세상을 바라볼 때 좋고 나쁨을 결정하는 것은 세상이 아니라, 바로 우리 안에 있는 우리의 마음이라는 것이지.

누군가가 미워 보이더라도, 실은 그 사람이 나쁜 게 아닐 수도 있어. 오히려 내 안에 미움이라는 씨앗이 심겨 있기 때문일지도 몰라. 하지만 내 마음에 사랑의 씨앗을 심으면 어떤 사람을 만나든, 어떤 상황에 있든 거기서 사랑을 먼저 발견할 수 있게 된단다.

그러니 우리 마음의 독초는 전부 뽑아버리고, 그 자리에 사랑이라는 식물을 심어보는 것은 어떨까? 그러면 세상이 정말 사랑스럽고 아름답게 보일 거야.

소명아, 아빠는 네가 세상을 사랑으로 바라보는 사람이 되길 바란단다.

그리고 너도 언젠가 누군가의 삶에 사랑의 씨앗을 심어주는 사람이 되길 기도할게.

"선한 사람은 마음에 쌓은 선에서 선을 내고 악한 자는 그 쌓은 악에서 악을 내나니"(눅 6:45).

오늘도 선한 마음에서 선을 내고, 사랑의 마음에서 사랑을 내는 우리 딸이 되길 바란다.

아빠의 보물은 키르기스스탄이란다

소명아, 아빠는 오늘 키르기스스탄 땅에 한국의 배나무를 심었단다. 비행기로 멀리 한국에서 100그루의 배나무를 가져왔지. '이곳에서도 잘 자랄 수 있을까?' 하는 걱정도 있었지만, '배나무가 이곳에서 뿌리를 내린다면, 새로운 기회가 열릴 거야' 하는 마음으로 심었단다.

이제 3~4년만 지나면 이 배나무에 배가 열리겠지?

그러면 그 열매는 이곳 사람들의 삶을 바꿀 수도 있을 거야.

소명아, 아빠가 이야기 하나를 들려줄게.

예전에 한 미국 선교사님이 한국에 오셨단다. 그분은 대구에 가셔서 사과 묘목을 심었어. 한국 사람들에게 맛있는 사과를 맛보여주고 싶었거든. 그런데 그 사과 묘목이 잘 자라 열매를 맺었고, 이제는 대구가 사과 도시가 되었지.

그래서 나도 키르기스스탄에 배나무를 심게 되었단다. 이곳 사람들에게 한국의 배 맛을 알려주고 싶었거든. 노숙자들이 함께 사는 모세센터에 배나무와 과일 나무들을 심었어. 샤인 머스캣, 밤나무, 왕대추 나무까지!

이 나무들이 잘 자라면, 이곳 사람들은 과일을 판매해 소득을 얻고, 자립할 수 있는 길이 열릴 거야.

소명아, 우리는 보물을 찾아야 한단다.

만약 남의 밭에 엄청난 보물이 숨겨져 있다면, 너는

어떤 마음이 들 것 같니? 그 땅을 사고 싶지 않겠니? 내가 가진 모든 걸 팔아서라도 그 땅을 손에 넣고 싶지 않을까?

하지만 다른 사람들은 그걸 모르기 때문에 그런 모습을 보고 미쳤다고 말할 수도 있어. "저 밭을 왜 사려고 하지?" 하면서.

그러나 그 보물을 발견하고, 그 가치를 아는 사람은 기쁨과 감사함으로 그 밭을 사게 될 거야.

소명아, 아빠의 보물은 키르기스스탄이란다.

누군가는 왜 굳이 그곳에서 봉사하면서 사느냐고, 너무 힘들지 않냐고, 한국에서 살면 편할 텐데 왜 그곳에서 희생하며 고생하느냐고 묻겠지.

하지만 아빠는 이곳에서의 삶을 희생이라고 생각하지 않아. 희생이란 내가 받는 것보다 주는 것이 많을 때 쓰는 말인데, 아빠는 이곳에서 주는 것보다 더 큰 기쁨을 얻고 있기 때문이지.

소명아, 너는 어떤 보물을 찾고 싶니?

아빠는 네가 세상에서 가장 값진 보물을 발견하길 바란단다.

소명이도 살면서 그런 보물을 발견하면 좋겠어.

그리고 그 보물을 하늘나라에 쌓아두면 좋겠어.

스스로 발전하는 나눔

오늘도 주님의 은혜 안에서 네게 편지를 쓸 수 있어 감사하구나.

이번에도 역시 모세센터에서 있었던 이야기를 들려주고 싶어.

모세센터는 노숙인 열여덟 분이 살고 있는 이름 없는 작은 공동체이지만, 하나님의 눈에는 귀한 사람들이 모인 곳이야.

그곳을 책임지는 사람은 모세 아저씨인데, 놀랍게도 그분도 10년 동안 노숙인이었어.

하지만 교회에서 매주 급식을 먹다가 주님을 만났고, 이제는 자신과 같은 노숙자들을 평생 섬기기로 결심하고 이 센터에 들어왔단다. 그런데 다른 노숙인 열여덟 명과 함께 들어와 평생 노숙인을 섬기겠다고 하나님께 서원했다는 거야.

몇 해 전 그곳에서 틀니 봉사를 했어. 음식을 씹지 못하는 노숙인들을 위해서였지. 하지만 그 일을 하면서 문득 이런 생각이 들었어.

'이들에게 필요한 건 틀니보다 자립이 아닐까?'

그분들에게는 먹을 것도, 일거리도 필요했지. 마을 사람들에게 물어보니, 양을 키우면 수익이 있다고 하더라고. 그런데 알고 보니, 이분들 전부 한때는 말도 잘 타고 양을 몰던 목동들이었어.

우리는 고민 끝에 산 위에 마구간을 짓기로 했어. 마구간이 있는 목동과 없는 목동의 차이는 어마어마

해. 마구간이 있으면 늑대의 습격을 막을 수 있고, 마을 사람들이 더 믿고 양을 맡기거든. 우리는 건축 재료만 사주고, 노숙인들이 직접 마구간을 지었어. 무척 엉성했지만, 그것은 그분들의 손으로 만든 첫 번째 '희망'이었어.

그리고 변화가 일어났어. 마구간이 생기자, 마을 사람들이 양을 맡기기 시작했어. 들판에는 풀이 많으니 먹이는 걱정 없었어. 많을 때는 양이 300마리까지 되었고, 말도 20마리까지 키우게 되었지. 노숙인들이 돌아가면서 말과 양을 돌봤어.

어느 날 내가 놀러 갔을 때 노숙인들이 웃으며 이렇게 말하더라고.

"다른 목동들은 말과 양을 잃어버리지만, 우리는 마구간 덕분에 단 한 마리도 잃지 않았어요."

나는 그 말을 듣고 가만히 생각했어. 단순히 마구간 때문일까? 아니야. 그건 그분들이 처음으로 자신들의 힘으로 무언가를 이루어냈다는 성취감 때문이었어.

그곳에는 또 다른 변화가 일어났어. 노숙인들이 잘 곳이 필요했기에, 그들을 위해 '유르트'(전통 천막집)를 지어주었어. 이제는 더 먼 들판에서도 밤을 지새우며 양을 돌볼 수 있게 되었지. 그리고 그들은 누군가가 주는 빵을 기다리는 사람들이 아니라, 스스로 일해서 빵을 마련하는 사람이 되어갔어.

소명아, 한국에서도 노숙인들이 자립하는 것은 힘든 일이야.

사실 노숙인은 일할 능력이 없는 것이 아니라, 일할 마음이 없는 거야. 삶에 지쳐 포기한 거지. 그런 이들에게 왜 일을 안 하냐고 묻는다면, 그것은 상처가 될 뿐이야. 중요한 건 그들에게 '움직일 수 있는 이유'를 주는 것이란다.

올해 우리는 과수원을 조성하고 한국 나주 배나무를 100그루 심었어. 내년에는 송어를 키울 계획이야. 아빠는 이곳을 관리하려 하지 않아. 대신 모세 아저씨와 1년에 하나의 목표만 정해주고, 최소한의 재료비만 지원해 주자고 정했어. 그랬더니 시간이 지나면서 이곳은 키르기스스탄의 다른 노숙인 센터들과 다르게 스스로 자립하는 공동체로 변해갔어.

그 이유가 뭘까? 정답은 없어. 하지만 아빠는 이곳에서 중요한 것을 배웠어.

가난한 사람들을 자세히 보면 공통적인 특징이 있어. 게으름, 술, 남 탓하는 것, 노력 부족 등. 이런 좋지 않은 습관으로 가난해진 거지. 하지만 동시에 그들 안에 숨겨진 장점도 있다는 것을 알게 되었어. 중요한 건, 단점을 지적하는 게 아니라 그들이 가진 장점을 살려주는 거야. 그리고 그 장점을 키우는 과정에서 그들이 스스로 부족한 점을 깨닫도록 도와주는 거지.

소명아, 우리는 다른 사람에게 무언가를 나눌 때, 그냥 주는 것이 아니라 '스스로 발전할 수 있는 나눔'을 해야 해. 나눔의 핵심은 단순한 도움이 아니라, 그 도움을 통해 스스로 일어나게 하는 거야.

그러니 소명이도 앞으로 누군가를 도울 때, 그저 빵

을 쥐여주기보다 그 사람이 직접 빵을 만들 수 있도록 도와주길 바란다. 그것이 진정한 나눔이니까.

행복은 커피 한 잔처럼

사랑하는 소명아, 비쉬켁의 겨울은 여전히 춥구나.

하지만 아빠는 요즘 작은 프로젝트를 시작했단다.

이름하여 '커피 프로젝트'야.

아빠 치과에서 일하는 남자 직원 중 결혼한 사람이 네 명인데, 모두 이혼을 했단다.

어떤 사람은 오래전에, 또 어떤 사람은 1년 전에.

처음에는 부부관계를 회복하도록 여러 조언도 해봤

지만, 그렇게 쉽게 해결될 문제가 아니더구나.

그러다가 아빠는 커피 한 잔에서 답을 찾았어.

이혼한 아내와 한 주에 한 번 커피를 마시면 어떨까 하는 것이었지.

처음엔 직원들도 어리둥절해했어.

"이미 이혼했는데 왜 만나야 하죠?"

"말을 섞기도 싫은데, 왜 굳이…?"

하지만 아빠는 한 가지 규칙을 정하고 밀어붙였어.

"커피만 마시면 됩니다. 석 달 동안 매주 한 번 꼭 만나야 합니다. 한 번 만날 때마다 4만 원을 주겠습니다."

다행히 이혼한 지 1년 된 알렉세이가 하겠다고 했어.

전 부인에게 생활비도 못 주고 있으니, 이거라도 해야겠다고 생각했나 봐.

그 부인도 한 달에 16만 원이면 자신의 월급과 같은 금액이라 승낙을 했대.

그렇게 처음 만났을 때는 아주 어색하고 할 말도 없었다는 거야.

그런데 두 번, 세 번 만남이 계속되자, 꽁꽁 얼어붙었던 관계가 따뜻한 커피 한 잔에 서서히 녹기 시작했단다. 그리고 기적이 일어났어.

어느 날 알렉세이가 말했어.

"아내가 아이를 데리고 다시 집에 들어왔습니다."

그리고 그날부터 다시 함께 살기 시작했단다. 그리고 지금은 예쁜 딸도 하나 더 낳았단다.

소명아, 행복은 거창한 게 아니야.

때로는 그저 따뜻한 커피 한 잔이면 충분해.

아빠가 이 '커피 프로젝트'를 하면서 깨달은 것이 많단다.

그중 하나는 누군가와 커피를 열두 번 함께 마시면 관계가 변할 수 있다는 거야. 심지어 사랑도 다시 시작될 수 있고.

열두 번의 만남 동안 서로를 다시 보고, 서로에 대해 다시 들으며 다시 이해하게 되거든.

어떻게든 서로 만나야 마음이 열린단다.

아빠는 가끔 상상해.

만약 미국의 트럼프 대통령과 중국의 시진핑 주석이 커피를 마시러 열두 번 만난다면 세상은 더 평화로워지지 않을까 하고 말이야.

소명아, 행복은 커피 한 잔과 같단다.

커피는 마실 때는 따뜻하고 좋지만, 다 마시고 나면 아쉬움이 남지. 하지만 괜찮아, 다시 마시면 되니까.

사랑도 그렇단다. 한 번 관계가 멀어졌다고 완전히 끝나는 게 아니란다. 다시 만나고, 다시 이야기하고, 다시 함께하면, 다시 시작할 수 있단다.

그런 면에서 아빠는 부부가 매주 금요일 밤에 단둘이 커피숍에서 커피를 마신다면 행복한 가정을 만들 수 있을 거라고 확신한단다.

그래서 '커피 프로젝트'는 계속 이어갈 거야.

언젠가 너도 사랑하는 사람과 따뜻한 커피 한 잔을 나누며 행복을 이야기할 수 있기를 바랄게.

평생 간직한 꿈

오늘도 아빠는 키르기스스탄의 하늘을 바라보며 우리 소명이와 사명이를 생각했단다.

'우리 소명이와 사명이가 아빠가 하는 일을 보면 어떤 표정을 지을까? 또 어떤 생각을 할까?'

아빠는 지금도 치과에서 환자들을 치료하고 있어.

하지만 너희도 알다시피 아빠의 꿈은 그것만이 아니란다.

아빠는 사람들의 삶을 바꿔주고 싶어. 단순히 치아를 치료하는 것만이 아니라, 아라샨 마을 사람들의 삶 자체가 더 나아지기를 바란단다.

그래서 아빠는 소득 증대 프로젝트를 시작했어.

농업을 돕고, 가축을 키우게 하고, 사람들에게 수익을 낼 수 있는 새로운 기회를 주려고 노력하고 있어.

아빠의 이 꿈은 오래전에 시작되었단다. 그리고 이 꿈을 평생 간직해 왔어.

아빠는 단순히 치과의사가 아니라, 사람들의 삶을 변화로 이끄는 길잡이가 되고 싶었단다.

엄마가 아빠에게 종종 하는 말이 있어.

"치과 치료 사역만 잘하면 되지, 왜 굳이 이런 농업 사역까지 하려고 해요?"

엄마의 말도 맞아. 아빠도 치과 치료 사역에 더 신경을 써야 한다고 생각해.

하지만 뭐라고 분명히 말할 수는 없지만, 아빠는 그냥 이 길을 가고 싶어. 다윗이 그랬던 것처럼….

성경을 보면 다윗이 하나님을 위해 좋은 집을 지어 드리려고 했던 이야기가 나와.

사실 하나님이 집이 필요하신 것은 아니었어. 하지만 하나님은 다윗의 그 마음을 귀하게 보셨단다.

결국 그 꿈은 다윗의 시대에는 이루어지지 않았지만, 그 아들 솔로몬 때 성전으로 완성되었어.

아빠도 다윗처럼 그런 마음인 거야.

지금 당장은 농업으로 마을을 바꾸는 일이 어려울 수 있어. 하지만 언젠가는 결국 마을이 변화될 거라고 믿어.

소명아, 사실 치과 치료 사역만으로 마을을 변화시키는 것은 어렵단다.

물론 치과 치료가 마을 사람들에게 큰 도움이 되지만, 그들이 더 나은 삶을 살 수 있도록 돕는 것은 또 다른 이야기야.

그래서 아빠는 치과 치료 사역뿐 아니라, 농업과 가축 사육을 통해 사람들이 스스로 일어설 수 있도록 돕고 싶어.

“정말 아라샨 목동 마을이 변화되었으면 좋겠어요!”

아빠는 매일 이렇게 기도하며, 조금씩이라도 그 변화를 만들어가고 있단다.

소명아, 너의 꿈은 무엇이니?

아빠는 네가 무엇이든 꿈을 가지고 살아가길 바란단다.

크고 멋진 꿈이 아니어도 괜찮아.

하지만 네 마음을 뜨거워지게 하는 일이 있다면, 그것을 꼭 붙잡고 살아가렴.

그러면 때로 주변 사람들이 이렇게 묻겠지.

“그냥 네가 잘하는 것만 하면 되지, 왜 굳이 그걸 하려고 해?”

하지만 그것이 네가 간직한 꿈이라면, 주저하지 말고 나아가렴. 아빠가 그랬던 것처럼.

소명아, 아빠의 꿈이 너에게도 작은 불씨가 되기를 기도할게.

행복은 좋은 것을 남에게 주는 것

모세센터에 갔을 때의 일이란다.

센터에 들어서자마자 '쾅! 쾅! 쾅!' 무언가를 두드리는 소리가 들렸어.

소리가 나는 곳을 따라가 보니, 한 아저씨가 대장간에서 말발굽을 갈고 있었어.

낡은 발톱을 제거하고 편자를 박으면서 망치 소리가 울려 퍼지더구나.

아빠는 작년에 이곳에 대장간을 만들어주었어.

'과연 동네 사람들이 많이 찾아올까?' 하고 궁금했는데, 지금 보니 정말 많은 사람이 이용하고 있더구나.

이곳 키르기스스탄에서는 누구나 말을 키우고, 말과 함께 살아가. 그러니 말발굽을 바꾸고, 말고삐를 수리하고, 털을 깎는 공간이 필요했지.

그런데 이 대장간이 단순한 작업장이 아니라, 노숙자 센터의 자립을 돕는 곳이 되었어.

노숙자분들이 직접 일하며 돈을 벌고, 이제는 스스로 살아갈 수 있는 기반을 만들어가고 있단다.

아빠는 이분들에게 돈을 직접 주는 것보다, 이렇게 일할 기회를 주는 것이 더 좋은 나눔이라고 생각한단다.

그렇지 않으면 계속해서 누군가의 도움을 받아야만 살 수 있고, 자립하기 어려워지기 때문이지.

이곳 노숙자 센터는 이제 양도 키우고 방앗간과 대장간, 그리고 과수원도 있어서 이제는 어느 정도 자립이 되는 것 같아.

그 모습을 보고 있으니, 아빠도 참 행복하다는 생각이 들었어.

소명아, 아빠는 '행복이란 무엇일까?'라는 고민도 중요하지만, '왜 우리는 행복해지려는 것일까?'를 더 고민해야 한다고 생각해.

사람들은 흔히 행복해지고 싶다고 말하지만, 정말 중요한 건 어떻게 해야 행복해질 수 있는지를 아는 것이란다.

아빠가 생각하는 행복은 '좋은 것을 남에게 주는 것'이야.

아빠는 이곳에서 여러 곳을 도와주었지만, 줄수록 더 주고 싶은 곳이 있어. 그곳이 바로 이곳 모세센터야.

노숙자 아저씨들이 열심히 살아가는 모습만 봐도 아빠는 행복하단다.

그것은 그분들이 살아갈 힘을 얻고, 다시 일어설 수 있도록 도왔다는 사실만으로도 기쁘기 때문이야.

소명아, 너도 언젠가 행복을 나누는 사람이 되길 바

란다. 그리고 기억하렴.

기쁨을 잃어버린 봉사는 생명을 잃어버린 봉사와 같다는 것을 말이야.

우리는 누군가를 도울 때 억지로 하는 것이 아니라, 기쁨으로 해야 한단다.

예수님도 우리가 누군가를 억지로 돕는 것을 좋아하시지 않아.

누군가를 도울 때 억지로 돕거나 체면 때문에 돕는다면, 그건 선한 청지기의 봉사가 아니란다.

사람들은 봉사를 단순히 '남을 돕는 것'이라고 생각하는데, 아빠가 오랫동안 남을 도와보니 봉사는 남을 돕는 것이 아니었어.

아빠도 처음엔 봉사라는 것이 누군가의 짐을 짊어지는 거라고 생각했단다.

그래서 내가 이분들의 짐을 덜어주는 것이라고 생각했는데, 그동안의 사역을 가만히 돌아보니 내가 이분들의 짐을 짊어지는 것이 아니라, 단지 나의 짐을 내가

지는 것이었더라고.

진정한 봉사는 '친구를 만나러 가는 것'이란다.

그렇게 생각해야 혹시라도 섭섭함이 생기지 않고, 또 시험에 들지 않는다는 것을 명심하길 바란다.

하나님 나라는 함께 살아가는 것

이곳 키르기스스탄에서 아빠는 아주 작은 씨앗 하나를 심고 있단다. 그것은 다른 게 아니라 바로 딸기 모종이야.

아빠는 이 작은 딸기가 이곳 마을을 바꾸고, 나아가 키르기스스탄 전체를 바꿀 수 있다고 믿는단다.

여기 사람들은 주로 고기를 수출하는데, 그 외에는 특별한 농산물이 없어. 그나마 유일하게 딸기를 카자

흐스탄으로 수출한단다. 하지만 문제는 딸기가 너무 작고 품질이 좋지 않다는 거야. 이곳 사람들은 좋지 않은 모종을 5년 이상 계속 사용해서 키우거든. 그러니 해마다 점점 작고 부실한 딸기가 나올 수밖에 없지.

그래서 아빠가 동네 사람들을 모아 세미나를 열고 말했지.

"여러분, 한국에서는 딸기가 얼마나 큰지 아세요? 세 번에 나눠 베어 먹어야 할 정도예요!"

사람들은 믿지 않았어. 그럴 만도 한 것이, 한 번도 본 적이 없는 걸 어떻게 믿겠니?

모두 그런 딸기가 어디 있냐며 비웃었어.

그래서 아빠는 한국에서 설향 모종 약 17,000개를 가져와 아라샨 마을에 심었단다. 이것을 잘 배양하면 한 개의 모종에서 20개의 어린 모종(런너)이 나오거든. 그렇게 해서 점점 모종을 늘려 아라샨 마을에 나누어 주었단다.

그리고 이번에는 더 놀라운 일이 있었어. 한국 논산

에서 킹스베리 딸기 모종 1,000개가 들어왔는데, 이 모종에서 무려 60그램짜리 거대한 딸기가 열렸단다. 이곳 사람들은 이런 큰 딸기는 처음 본다며 너무 놀라워하고 기뻐했어.

지금 이 마을에서는 많은 사람이 딸기 모종을 심고 있어.

아빠는 이 작은 딸기가 이 마을을 바꾸고, 키르기스스탄 전체를 바꿀 수 있을 거라고 믿어. 그리고 그렇게 기도하고 있단다.

소명아, 하나님 나라는 이렇게 함께 살아가는 것이란다.

성경에도 '남의 포도원의 포도를 따 먹을 수는 있지만 그릇에 담지는 말고, 남의 밭에 들어가 이삭을 훑어 먹는 것은 괜찮지만 낫을 대지는 말라'는 말씀이 있어.

이처럼 우리는 서로 돕고 나누며 살아야 해.

아빠가 생각하는 선교의 가장 중요한 핵심은 나누는 사역이야. 단순히 사람들을 도와주는 게 아니라, 그들이 자립할 수 있도록 길을 열어주는 것, 그것이 진짜 하나님이 기뻐하시는 선교란다.

그래서 아빠는 지금 이곳에서 단순히 딸기를 나눠주는 게 아니야. 딸기 모종을 직접 키울 수 있는 기술을 가르쳐주고, 함께 농사를 짓고, 함께 성장하는 것, 그것이 아빠가 하는 일이야.

사람들은 아빠에게 왜 의료선교사가 농업에 관여하느냐고 물어본단다.

물론 아빠도 처음에는 의료로 사역을 시작했지. 그런데 아빠가 지금 마을 살리기 봉사를 하고 있는데 의료로는 마을을 변화시키기가 어려웠단다.

하지만 농업은 마을을 쉽게 변화시킬 수가 있거든. 농업을 열심히 하면 수익이 된다는 것을 사람들에게 알게 해주면, 논산 딸기 마을이 이곳에 만들어지는 것은 시간문제일 수도 있어.

지금은 청양고추 마을을 만들기 위해 고추를 심고 있고, 또 고구마와 콩 등 여러 한국 작물을 심어 마을에 보급하고 있단다. 물론 지금은 힘들지만, 이것이 돈이 된다는 걸 깨닫는 순간 마을이 바뀌는 건 금방일 수도 있기에 열심히 심고 있지.

소명아, 선교는 마음을 움직이는 거란다. 마음이 움직이면 상황은 급격하게 변하거든.

하나님의 마음을 따라가는 봉사의 삶, 그것이 얼마나 아름다운지 네가 직접 경험하길 바랄게.

양말 은행

아빠는 이곳에서 참 바쁜 나날을 보내고 있단다.

그런데 이번에 아주 특별한 일을 시작했어. 이름하여 '양말 은행'이야. 좀 이상한 이름이지? 하지만 아빠가 하는 일이 무엇인지 알면 이해될 거야.

이 은행에서는 마을 사람들에게 돈이 아니라 양과 말을 빌려준단다. 그래서 양말 은행이야.

그런데 아무한테나 빌려주는 게 아니야. 아빠와 관

계가 있는 사람 중에서 그 사람의 신용만큼 빌려주는 거지. 어떤 사람은 양 다섯 마리, 어떤 사람은 열 마리, 또 어떤 사람은 말까지 빌려 가. 그리고 1년 후에 원금만 갚으면 돼.

그런데 여기서 말하는 신용이 뭔지 아니? 바로 아빠와의 관계란다. 아빠와 더 친해지고 아빠에게 신뢰감을 줄수록 더 많은 양이나 말을 빌려 갈 수 있단다. 그래서 이 마을 사람들은 아빠와 조금이라도 더 친해지고 싶어 해.

또 양을 키우려면 좋은 사료가 필요하잖아. 그래서 아빠가 미생물 사료를 개발해 양들이 튼튼하게 자라도록 돕고 있어. 사람들이 봄에 양을 빌려 가 가을에 갚는데, 처음에는 힘들어했지만 이제는 모두 잘 갚고 있어 정말 뿌듯하단다.

사실 이건 단순히 양을 빌려주는 일만이 아니야. 아빠는 이 일을 선교라고 생각해. 단지 돈이 아니라 양을 빌려주면서 사람들에게 꿈과 용기를 주고 있으니까.

그런데 예수님도 우리를 양처럼 돌보신다는 걸 알고 있니?

"나는 선한 목자라 나는 내 양을 알고 양도 나를 아는 것이"(요 10:14).

이 마을의 목동들은 각자 자기만의 독특한 휘파람 소리가 있단다. 평소에 그 소리를 양들에게 들려주면, 양들이 주인의 소리를 기억했다가 길을 잃었을 때도 그 소리를 듣고 돌아온대. 신기하지 않니?

우리도 마찬가지야. 예수님의 음성을 계속 듣고 익숙해져야 해. 그래야 어려운 일을 당한 순간에도 주님의 음성을 들을 수 있단다.

소명아, 아빠는 너도 주님의 음성을 듣는 훈련을 했으면 좋겠어.

이곳 목동들 사이에서는 이런 재미있는 속담이 하나 있어.

"목동 일이 끝난 12월에 집에 초대해 함께 차를 마신 사람은 진정한 친구가 된다."

그래서 아빠는 목동 일이 끝나는 12월이 가장 바쁘단다. 목동들은 산속에서 생활하다 보니 치아가 많이 상해. 그래서 아빠가 이때 집마다 왕진을 다니면서 치료해 주고 함께 차를 마시며 그들과 친구가 된단다. 진정한 친구가 되면, 나중에 틀니를 끼워주러 갔을 때 정말 반갑게 맞아줘.

이렇게 아빠는 양을 빌려주고, 치아도 치료해 주며 사람들과 마음을 나누고 있어. 이 모든 것이 하나님이 주신 사명이라고 믿기 때문이야.

소명아, 너도 주님을 늘 가까이하며, 주님의 음성을 듣는 훈련을 하길 바란다.

그리고 언젠가 아빠가 하는 일을 함께 할 날을 기대할게.

진정한 부자란

한 달 전 아빠는 마을 사람들에게 병아리 20마리씩을 나누어주었단다.

가난한 사람을 도우려고 할 때, 보통 사람들은 병아리를 키우게 해야겠다고 생각하지.

하지만 병아리가 자라 알을 낳기까지는 6개월 이상이 걸리고, 겨울이 되면 알도 잘 낳지 않아. 게다가 사룟값이 너무 비싸, 가난한 사람들에게 큰 수익이 되지 않는 경우가 많단다.

그래서 아빠는 육계를 선택했어.

이 병아리들은 단 한두 달만 키워도 제법 큰 닭이 되는 좋은 종자야.

물론 일반 병아리보다 세 배나 비싸지. 하지만 값어치가 있는 선택이었어.

한 달쯤 후, 다시 그 집들을 찾아갔을 때, 우리의 작은 병아리들은 정말 큰 닭으로 자라 있었단다. 그것도 항생제 없이, EM 미생물을 사용해 건강하게 키운 닭들이었어.

이제 이 닭들은 생닭으로 판매할 수 있게 되었고, 닭을 키운 사람들은 노력한 만큼의 수익을 낼 수 있게 되었지.

소명아, 닭은 주인이 얼마나 관심을 가지고 키우느냐에 따라 크기가 달라져.

이번에도 열심히 정성을 들여 키운 사람은 더 크고 건강한 닭을 얻었고, 대충 키운 사람은 닭이 제대로 크지 못했어.

성실하게 닭을 키운 사람들은 이제 다음 봉사에도 함께할 기회를 얻게 되었단다.

그들에게는 바로 신용이 생겼기 때문이지.

이제 그들에게는 우리 양말 은행에서 양과 말도 나누어줄 수 있을 것 같아.

작은 닭을 잘 키운 사람이라면, 더 큰 동물도 성실하게 기를 수 있을 테니.

그리고 무엇보다 닭 나눔의 가장 큰 효과는 바로 이것이란다.

아빠는 단 3만 원으로 도와주었는데, 그들은 한 달 만에 10만 원을 받은 셈이 된 거야.

나는 3만 원을 들여 병아리와 사료를 사주었는데, 그들이 벌어들인 건 10만 원이었거든.

이것이 3만 원을 10만 원으로 나누는 기적이란다.

소명아, 사람들은 종종 이렇게 물어.

"왜 가난한 사람은 계속 가난할까요?"

사실 사람이 가난한 데는 여러 이유가 있어.

게으르거나, 노력하지 않거나, 나쁜 습관을 고치지 못했기 때문인 경우도 많아.

그런 경우는 그 좋지 않은 모습을 고치지 않는다면 아무리 좋은 계획을 세워도 소용이 없겠지.

하지만 지금은 비록 가난하지만 열심히 노력하는 사람은 언젠가 부자가 될 준비가 된 것이란다.

그런데 아빠가 생각하는 부자는 많이 가진 사람이 아니야.

자기 것을 나눌 수 있는 사람, 바로 그 사람이 진짜 부자지.

아무리 많이 가졌어도 그것을 나누지 않는다면 진정한 부자가 아니야.

반면 가진 것이 적어도 누군가와 나눌 수 있다면, 그 사람은 이미 부자인 거야.

그럼 진짜 가난한 사람은 누구일까?

진정으로 가난한 사람은 다른 사람과 아무것도 나

눌 수 없을 정도로 가진 것이 없는 사람이 아니란다. 가진 것이 많은데도 다른 사람과 나누지 않는 사람이 진짜 가난한 사람이지.

아빠는 우리 소명이가 항상 자기 것을 다른 사람과 나누며 살아가는 사람이 되었으면 좋겠어.

가진 것이 많든 적든 그것을 다른 사람과 나눌 수 있는 사람, 그 사람이 진짜 부자이고, 또 그렇게 사는 것이 진짜 행복한 삶이란다.

양 여섯 마리 나눔

오늘 아빠는 너에게 진짜 좋은 나눔이 무엇인지 이야기해 주고 싶어.

아빠는 지금 키르기스스탄에서 양을 나누어주는 일을 하고 있어.

그런데 그냥 주는 것이 아니야. 단순히 양을 주기만 하면 그 가치는 오래가지 않거든.

무엇이든 정말 의미 있는 나눔이 되려면, 그것을 받

는 사람들이 그것을 통해 스스로 노력하고 성장할 수 있어야 해.

어떤 시골교회에서 틈니 봉사를 하면서 가난한 교인들을 만났어.

아빠는 그들이 경제적으로 자립하려면 목표와 동기가 필요하다고 생각했어.

그래서 이렇게 제안했어.

“교회에 양 여섯 마리를 줄 테니, 1년 안에 열 마리로 늘려보세요. 성공하면 모든 양은 여러분의 것이지만, 실패하면 처음에 드린 양은 다시 돌려줘야 합니다.”

사람들은 처음엔 망설였지만, 이내 눈빛이 반짝였어. 그들은 어려서부터 양을 키워왔기 때문에 자신들이 직접 키운다면 가능하리라고 믿었던 거지.

그리고 정말 열심히 노력했어. 새벽부터 양을 돌보고, 풀을 베고, 먹이를 챙겼어.

1년 뒤 그들의 양은 열한 마리가 되었고, 약속대로 모든 양을 그들에게 주었지.

그다음 아빠는 또 다른 새로운 도전을 제안했어.

"새로운 양 여섯 마리를 더 드리면, 여러분의 양은 모두 열일곱 마리가 됩니다. 이것으로 1년 후에 서른 마리를 만들면, 그것도 모두 드리겠습니다. 실패하면 이번에 드린 여섯 마리만 돌려주면 됩니다."

교인들은 고민하지도 않고 바로 하겠다고 했어. 그리고 점점 더 의욕이 생겼지.

다들 열심히 노력했고, 그렇게 또 1년이 지나자, 교회는 점점 변하기 시작했어. 사람들이 하나가 되었고, 양뿐 아니라 소도 기르게 되었어. 무슬림이었던 사람들도 양을 키우는 일을 하면서 자연스럽게 교회에 출석하기 시작했고, 아내가 교회에 나간다고 폭력을 일삼던 남편들도 양을 키우기 위해 교회에 자연스럽게 나오게 되었지.

그래서 교인 수가 두 배가 되었고, 교회에는 활력이 넘쳐났단다.

소명아, 좋은 나눔이란 단순히 무언가를 주는 것이

아니란다. 그것을 받는 사람이 스스로 노력해서 자신의 삶을 바꿀 수 있도록 돕는 것이 진짜 좋은 나눔이지.

만약 그 교회에 그냥 양을 줬다면, 그들은 그렇게 양을 잘 돌보지 않고 다시 가난해졌을 거야. 하지만 목표를 가지고 노력한 결과로 얻은 양은 그들의 삶을 변화시키는 씨앗이 되었지.

소명아, 너도 나중에 누군가를 도울 기회가 생긴다면, 그냥 돕는 것보다 그 사람이 스스로 설 수 있도록 도와주는 방법을 고민해 보면 좋겠어. 그러면 도움을 받는 사람도 진짜 행복해질 수 있거든.

나눔은 그 안에 사랑이 있는지 없는지가 중요하다

소명아, 오늘도 하나님의 은혜 안에서 이 편지를 쓸 수 있음에 감사하구나.

아빠는 키르기스스탄의 작은 마을 아라샨에서 있었던 일을 너에게 들려주고 싶어.

키르기스스탄에는 '즐거운 치과'가 두 개 있어. 하나는 수도 비쉬켁에, 또 하나는 시골 마을 아라샨에 있지. 아라산 즐거운 치과는 그곳 마을 사람들을 섬기기 위해 존재하는 곳이야.

그곳에서 카낫이라는 친구를 만났어.

카낫은 다리를 저는 지체장애인인데, 집이 없어서 여동생의 집 한구석에 조그마한 방을 지어 살고 있었어. 가진 것이라곤 아무것도 없었지만, 그는 꿈을 꾸었어. 칠면조를 키워 알을 낳으면, 그 알로 새로운 칠면조를 구입해 길러 팔면서 살아가려 했던 거야. 그래서 전 재산을 모아 칠면조 세 마리를 샀는데, 그만 큰 실수를 하고 말았어. 수컷만 세 마리를 산 거야. 게다가 두 마리가 죽고 말았지.

마지막 남은 칠면조 한 마리를 바라보던 카낫의 눈빛은 무척이나 슬퍼 보였어. 마치 꿈이 송두리째 무너지기라도 한 것처럼.

아빠는 하나님이 주신 마음으로 그런 카낫에게 칠면조를 선물하기로 했단다.

그래서 100달러로 암컷 여섯 마리를 사서 그에게 주

었어.

그는 너무나 기뻐하며 반드시 잘 키우겠다고 약속했어. 그것이 그의 전부였기 때문이야.

그런데 여기서 끝이 아니었어. 하나님께 기도하던 중, 아빠는 이곳에서도 우리 양말 은행을 통해 양 나눔을 하고 싶다는 마음이 들었어.

그리고 하나님이 길을 열어주셔서 양 여섯 마리를 카낫에게 선물할 수 있었어.

소명아, 우리 하나님은 정말 신실하시단다.

우리가 걱정했던 것과 달리 카낫은 하나님의 도우심으로 양을 잘 키웠어. 그리고 곧 믿기 힘든 일이 일어났지. 양을 키운 지 일주일도 되지 않아 새끼가 태어난 거야! 카낫은 이제 단순히 양을 가진 게 아니야. 희망을 갖게 된 거지.

소명아, 안타깝게도 세상은 사람을 겉모습으로 판단한단다. 가진 것이 많으면 성공한 사람, 없으면 불쌍한 사람, 장애가 있으면 부족한 사람이라고.

그러나 하나님은 다르게 보시지. 하나님 안에서 카낫은 온전한 사람이야.

아빠는 이번에 중요한 사실을 깨달았어.

곧 나눔은 그 안에 사랑이 있는지 없는지가 중요하다는 것을.

소명아, 나눔은 액수가 중요한 게 아니야. 오직 그 안에 사랑이 있느냐 없느냐가 중요할 뿐이지.

우리는 하나님의 마음을 품고 나누려고 이곳에 온 것이란다.

예수님도 말씀하셨지.

"내가 진실로 너희에게 이르노니 너희가 여기 내 형제 중에 지극히 작은 자 하나에게 한 것이 곧 내게 한 것이니라"(마 25:40).

진정한 선행은 사랑에서 나온단다. 그래서 선을 행하는 것이 좋아서 하는 사람은 자기가 언제 선행을 했는지도 기억하지 못해.

하지만 그 안에 사랑이 없고, 눈치와 체면 때문에

선행을 한 자들은 오히려 자기 의로움으로 그것을 기억하지.

오늘 우리는 어떤 선행을 할 수 있을까? 특별한 것이 아니어도 좋아. 단순히 사랑이 흘러넘쳐, 그 사랑을 나누어줄 수 있다면 그것으로 충분하단다.

그래서 아빠는 환자를 치료하면서 늘 기도한단다.

"하나님, 저에게 사랑의 마음을 주세요."

소명아, 선교지에는 이런 말이 있어.

"10년 동안 열심히 사역한 선교사는 현지인을 진정으로 사랑할 수 없다."

처음에 이 말을 들었을 때 아빠는 이해가 되지 않았어. 그런데 선교사들을 만나 이야기를 나누어보니, 많은 분이 공감하는 것이더라.

오랜 시간 사역하면서 현지인들에게 배신당하고 사기당하는 일이 반복되다 보면 자기도 모르게 사람을 의심하게 된대. 누군가 다가오면 '이 사람은 또 무슨 사기를 치려고 하는 걸까?' 하는 마음이 먼저 든다는 거야.

그런데 아빠가 처음 보는 환자를 대하면서 '이분은 무슨 속셈으로 왔을까?' 하는 마음을 품으면 어떻게 기쁘게 치료할 수 있겠니? 그러니 환자가 어떤 사람이냐가 중요한 게 아니야. 정말 중요한 건 아빠 마음에 사랑이 있느냐는 거지. 그래서 하나님께 사랑을 달라고 기도해.

하나님은 사랑이시잖아.

하나님은 우리가 어떻든 우리를 사랑하셔. 우리의 행동과 태도에 따라 사랑하시는 게 아니라, 그분 자체가 사랑이시기 때문에 우리를 사랑하시는 거야.

아빠는 아직도 마음에 사랑이 남아 있는 것 같아서 주님께 늘 감사하단다.

우리 딸 소명이도 하나님이 기뻐하시는 나눔을 하면 좋겠어. 그 안에 사랑이 넘치는 그런 나눔 말이야.

하나님의 봉사 나무

소명아, 아빠는 네 마음속에 하나님의 봉사 나무가 자라고 있다고 믿어.

이 나무는 네가 아니라 하나님께서 주신 사랑과 은혜로 시작된 나무란다.

우리는 단순히 봉사하는 사람이 아니라, 하나님의 선한 청지기로서 그분이 맡겨주신 일을 감당하는 존재란다. 소명이가 이 나무를 잘 돌보고 가꾸면, 분명 하나님이 원하시는 아름답고 풍성한 삶을 살 수 있을 거야.

이 봉사 나무가 건강하게 자라려면, 네 마음의 중심이 하나님을 향해야 해. 하나님께서 기뻐하시는 생각을 하고, 하나님이 기뻐하시는 사람들과 함께하며, 하나님의 사랑을 나누며 살아야 한단다.

반대로 하나님과 멀어지게 하는 나쁜 사람을 만나고, 나쁜 생각을 하고, 나쁜 영상을 보면 봉사 나무가 시들 수도 있어. 그래서 언제나 하나님과 동행하며 살려는 마음이 중요하단다.

이 나무를 튼튼하게 키우는 가장 좋은 방법은 하나님의 청지기로서 사는 거야. 나를 위한 봉사가 아니라, 하나님께서 맡기신 소명을 감당하는 봉사를 하면서 말이야.

우리는 절대 자기 힘으로 봉사하려 하지 말아야 한단다. 그러면 언젠가 반드시 시험에 들기 때문이지. 하나님의 힘으로 봉사하면, 하나님께서 내게 힘을 주시고, 기쁨을 주시며, 길을 열어주신다는 걸 기억해야 해.

우리가 하나님의 뜻대로 선한 일을 감당할 때, 우리의 봉사 나무는 더욱더 아름답게 자라게 돼.

사랑하는 딸 소명아, 우리가 하는 봉사는 우리가 주인이 아니야. 하나님이 주인이시고, 우리는 그분의 도구일 뿐이란다. 그러니 봉사하다 힘들고 지칠 때면, 내가 하는 일이라 생각하지 말고, 하나님께서 하시는 일에 내가 동참하고 있다고 생각해 보렴. 그러면 훨씬 더 가볍고 기쁜 마음으로 봉사할 수 있을 거야.

하나님께 의지하며 작은 일부터 하나씩 감당하다 보면, 어느새 네 마음속에 하나님의 아름다운 봉사의 숲이 만들어질 거야. 그리고 그 숲을 통해 많은 사람이 하나님의 사랑을 경험하게 되겠지.

사랑하는 딸 소명아, 아빠는 네가 하나님의 선한 청지기로서 살아가기를 늘 기도한단다.

언제나 하나님과 동행하며, 그분이 주시는 기쁨과 평안으로 열심히 봉사하며 살길 바란다.

행복은 구체적인 경험이다

소명아, 아빠는 지금도 봉사하면서 많은 것을 배우고 있단다.

이번에는 키르기스스탄을 넘어 우크라이나에서 봉사 요청이 왔어.

처음에는 고민이 많았지. 그래서 하나님께 물었어.

“하나님, 키르기스스탄에서도 할 일이 많은데 우크라이나까지 가야 하나요?”

하지만 결국 가기로 했단다.

그리고 거기서 마크라는 사람을 만났어.

마크는 덩치가 아주 크지만, 이상할 정도로 말을 거의 하지 않는 사람이었어.

사람들과 어울리지도 않고, 늘 혼자 있는 듯 보였지.

그러다 그의 입안을 들여다봤는데, 위쪽 치아가 단 두 개밖에 없는 거야.

치아가 없으니 말을 하고 싶어도 하지 못했던 거지.

음식을 먹을 때도 불편했을 거고, 사람들 앞에서 웃는 것도 어려웠을 거야.

아빠는 결심했어.

'이 사람에게 새로운 삶을 선물하자!'

그날 밤을 꼬박 새워가며 기도하는 마음으로 틀니를 만들었단다.

그리고 아침이 되어 마크에게 새로운 치아를 선물했지.

마크는 거울을 보며 조심스럽게 입을 벌리고 웃어

봤어. 그리고 처음에는 믿기지 않는 듯한 표정이더니, 금세 굳어 있던 얼굴이 환하게 빛났어. 눈에는 눈물이 고였고.

그리고 갑자기 나를 꼭 껴안았어.

그 힘이 얼마나 세던지, 아빠도 깜짝 놀랐단다.

"정말 감사합니다."

그 한마디에서 그동안 얼마나 아팠는지, 얼마나 외로웠는지가 다 느껴졌어.

소명아, 아빠는 그 순간 깨달았단다.

행복은 누군가에게 물질을 많이 준다고 오는 것이 아니라, 마음이 진심으로 전해질 때 온다는 것을 말이야.

마크가 치아를 되찾고 활짝 웃는 순간, 그 기쁨이 아빠에게도 전해졌어.

행복은 바로 이런 순간에 오는 거야.

어떤 감정을 머릿속으로만 생각하는 게 아니라, 진실한 마음으로 표현하는 것, 그것이 행복이란다.

우리가 살다 보면 돈을 많이 벌 수도 있고, 멋진 집

을 가질 수도 있어.

하지만 인생이 끝날 때쯤 돌아보면, 그런 물질보다 사랑하는 사람들과 보낸 시간, 이웃들에게 베푼 배려의 경험이 더 소중하게 느껴진단다.

소명아, 네 인생도 그런 경험으로 가득했으면 좋겠구나!

너도 언젠가 누군가에게 행복을 줄 수 있는 사람이 되길 바란다.

꼭 아빠처럼 치과 의사가 아니어도 괜찮아.

네가 하는 일이 무엇이든 그것으로 사람들에게 기쁨과 감동을 줄 수 있다면, 그것으로 충분하단다.

사랑하는 소명아, 네 삶이 행복한 경험으로 가득하길 기도할게.

순금같이 쓰임 받기

아빠는 오늘도 키르기스스탄에서 있었던 일을 너에게 들려주고 싶어.

얼마 전 아라샨 한 시골 학교에서 아이들의 치아를 검사했는데, 너무 마음이 아팠어.

아이들 거의 모두가 충치가 있었고, 어떤 아이들은 영구치까지 빠져버린 상태였어. 치아가 하나만 아파도 힘든데, 이 아이들은 얼마나 아팠을까 생각하니 가슴이 저렸지.

그래서 그 학교 교장 선생님을 찾아가 학생이 모두 몇 명인지 물었더니 1,300명 정도라고 했어.

그래서 아빠가 그 1,300명의 학생 모두의 치아를 무료로 치료해 주겠다고 했어.

교장 선생님이 깜짝 놀라며 물었어.

"당신은 누구죠?"

솔직히 아빠도 그렇게 말하고 걱정이 됐어. 아이 한 명 치료하는 것도 힘든데, 1,300명을 치료할 수 있을까 하고. 하지만 그냥 포기할 수 없었어.

"저는 이 마을에서 치과를 운영하고 있는 사람입니다."

결국 교장 선생님의 허락을 받았고, 1년 동안의 치료를 시작했어. 다만 부모님들이 걱정할 수도 있으니, 마취를 안 해도 되는 치료만 하는 조건이었지.

우선 전 학년을 대상으로 구강 교육을 했어. 칫솔과 치약을 나눠주고, 치아에 좋은 음식과 나쁜 음식을 알려주는 포스터도 만들었어. 그리고 치료를 시작했지.

1년 동안 매주 치료를 했어. 800명의 아이를 대상으로 총 4,000개의 충치를 레진으로 메웠어. 불소 도포도 하고, 홈 메우기도 했고. 그렇게 열심히 하다 보니 처음에는 95퍼센트였던 충치율이 80퍼센트로 줄어들었어.

소명아, 이 나라에는 아직 3,000개가량의 학교가 더 있단다. 우리가 그 모든 아이를 치료할 수는 없겠지. 하지만 누군가는 시작해야 해. 작은 변화라도 만들어야 하니까.

치료를 받고 나서 "이제 충치가 하나도 없어요!" 하며 환하게 웃는 아이들을 보면, 아빠는 정말 보람을 느껴. 처음엔 무서워하던 아이들도 용기를 내 치료를 받고, 이제는 자기 치아를 스스로 돌보려고 노력하는 모습이 너무나 기특해.

이렇게 힘든 봉사를 할 수 있었던 건, 함께해 준 의사들 덕분이야. 그리고 무엇보다 하나님께서 도와주셨기 때문이라고 믿어.

소명아, 아빠는 늘 하나님께 묻는단다.

"하나님, 이번에는 누구를 도울까요?"

"하나님, 이번에는 어떻게 도울까요?"

아빠도 처음에는 이런 나눔을 잘 못했어. 하지만 하나님을 사랑하는 마음으로 계속하다 보니, 이제는 편안하게 할 수 있게 되었지. 하나님의 마음으로 사람들을 돌아볼 때 마음이 아프다면, 그것은 어쩌면 하나님께서 '네가 도와주어라' 하는 신호일지도 몰라.

소명아, 너도 처음엔 나눔이 조금 부담스럽게 느껴질 수 있어. 하지만 작은 도움을 주다 보면, 어느새 너도 지혜롭게 나눔을 잘하게 될 거야. 그리고 하나님께서는 그렇게 단련된 너를 순금같이 쓰실 거라고 믿어.

"내가 가는 길을 그가 아시나니 그가 나를 단련하신 후에는 내가 순금같이 되어 나오리라"(욥 23:10).

틀니 봉사는 사랑이란다

어느 겨울날 아빠는 노숙자 쉼터를 방문하게 되었어.

사실 그곳에 처음 갔을 때, 가슴이 무척 답답했단다. 좁고 습한 공간, 어디선가 새어 들어오는 찬바람, 그리고 병들고 지친 사람들. 마치 어두운 굴다리 같았어.

아빠는 그곳에서 틀니 봉사를 하기로 했어. 하지만 솔직히 말하면 조금 망설여졌단다.

쉼터에 있는 분들은 대부분 에이즈, 결핵, 간염 같은

병을 앓고 계셨어. 몸도 약하고, 술을 많이 드셔서 제대로 치료받기도 힘든 분들이었지.

하지만 그런 노숙자라도 치아가 없다면 틀니가 필요하지 않겠니? 음식을 씹지 못하면 건강은 더 나빠질 테고, 자신을 돌볼 힘조차 사라질 거야.

그래서 아빠는 마음을 다잡고 봉사를 시작했단다.

그렇게 서른세 분에게 틀니를 만들어드렸어. 하지만 너무나 안타깝게도, 세 분은 틀니가 완성되기까지 3주를 참지 못하고 세상을 떠나셨단다. 길에서 추위에 얼어 돌아가시거나, 술에 취해 차에 치이셨다고 해. 그 분들에게 결국 틀니를 드리지 못한 게 너무 마음이 아팠어.

그런데 아빠는 그곳에서 만난 한 분을 지금도 잊을 수가 없단다.

그분은 바로 알렉산드르 할아버지야.

할아버지는 너무 오랫동안 치아 없이 사셔서 잇몸마저 남아 있지 않았어. 게다가 그렇게 오래 살다 보니 씹는 법을 잊어버려서, 틀니를 드려도 제대로 사용하실 수 있을지 걱정이 됐지.

그런데 틀니를 끼워드리는 순간, 할아버지의 눈에 눈물이 맺혔어. 그리고 할아버지가 떨리는 목소리로 말씀하셨어.

"나한테 이런 걸 해주는 사람이 있을 줄 몰랐어…."

그 순간 아빠도 마음속으로 기도했단다.

"하나님, 저도 기뻐요. 이게 봉사의 기쁨이군요. 그런데 제가 틀니를 만들어드리긴 했지만, 이분이 정말 틀니를 사용할 수 있을까요?"

그때 하나님께서 아빠 마음에 말씀하셨지.

"잘 쓰고 못 쓰는 건 네가 걱정할 일이 아니다. 너는 그냥 마음을 다해 섬겨라."

소명아, 우리는 종종 봉사를 하다가 '내가 하는 일이 정말 의미가 있을까?' 하고 고민하게 돼. 하지만 하나님은 우리가 그 의미를 따지기보다 그냥 마음을 다해 섬기길 원하신단다.

그날 아빠는 깨달았어. 좋은 나눔이란 단순히 무엇을 주는 게 아니라, 그 사람의 아픔까지 함께 나눌 준비가 되어 있어야 한다는 것을.

아빠가 틀니를 몇 개 만들었는지가 중요한 게 아니었어. 어떤 마음으로 봉사했는지가 더 중요한 거지.

소명아, 네가 앞으로 어떤 길을 가든, 무슨 일을 하든 누군가를 돕게 되면 꼭 기억하렴. 나눔은 단순한 도움이 아니라 사랑이 되어야 한다는 것을 말이야.

"오직 선을 행함과 서로 나누어주기를 잊지 말라 하나님은 이 같은 제사를 기뻐하시느니라"(히 13:16).

사랑하는 딸 소명아, 아빠는 네가 정말로 사랑을 나눌 줄 아는 사람이 되기를 바란단다.

자기가 하고 싶은 것을 하는 게 행복이다

아빠는 오늘 키르기스스탄 이스쿨 지역에서 있었던 일을 너에게 들려주고 싶어.

이곳에서 아이들의 구강검진을 했어. 치료는 하지 않고, 충치 개수만 세고 불소양치를 시키는 거라 아이들도 무서워하지 않더라고. 순수한 눈망울을 반짝이며 웃는 아이들을 보고 있자니, 아빠도 덩달아 행복해졌어.

그런데 조사 결과를 보니 충치율이 96퍼센트가 넘더라. 거의 모든 아이가 충치가 있었어. 처음엔 그저 치료만 해주면 될 것으로 생각했지만, 사실 아빠 혼자 아무리 열심히 한들 몇 명이나 치료할 수 있겠니? 그러다 생각해 보게 되었어. '이 아이들은 왜 이렇게 치아가 상했을까?'

알아보니 이곳 아이들은 어릴 때부터 치아 관리를 거의 받지 못했어. 올바른 양치 방법도 모르고, 치아에 문제가 생겨도 치료받을 기회가 없었지. 그래서 단순히 치료를 해주는 것보다, 아이들에게 치아 건강을 지키는 법을 알려주는 것이 더 중요하다고 생각하게 되었어.

아빠도 어릴 적에 가난한 시골에서 자랐단다. 그런데 아빠는 아직도 빠진 치아가 하나도 없어. 왜 그럴까? 문제는 식습관이란다. 아빠는 어릴 때 감자와 옥수수만 먹었지만, 이곳 아이들은 콜라와 초콜릿을 너무 많이 먹거든.

그래서 다른 우리 의사들과 함께 5,000명의 아이의 치아 상태를 조사해 논문을 썼어. 충치가 생기는 원인과 해결 방법을 정리한 거야. 이제 우리가 해야 할 일은 이 논문의 내용을 널리 알리고, 치아 건강 캠페인을 하는 거야. 그냥 단순히 아이 몇 명을 치료하는 게 아니라, 이 나라 모든 아이가 어릴 때부터 치아를 지킬 수 있도록 돕는 거지.

물론 내가 키르기스스탄의 어린이들에게 콜라와 초콜릿을 못 먹게 하기는 힘들 거야. 하지만 누군가는 해야 하는 일이기에 하는 거란다.

소명아, 아빠도 어릴 때는 주사 맞는 것도 무서워 울곤 했어. 그런데 지금 이렇게 외국에 나와 아이들을 치료해 주는 일을 하고 있네. 가끔은 문득 그런 생각이 들어. '이 아이들도 나중에 커서 누군가를 돕는 사람이 될 수 있을까?' 아이들이 그런 꿈을 꾼다면, 아빠는 정말 행복할 것 같아.

소명아, 행복이란 무엇일까? 아빠는 이렇게 생각해.

자기가 잘하는 일을 하고, 자기가 하고 싶은 일을 하는 게 행복이라고.

아빠는 지금 내가 잘할 수 있고, 또 하고 싶은 일을 하고 있어. 그리고 그 일이 누군가에게 도움이 되어 참 다행이야.

소명아, 너도 네가 진짜 하고 싶은 일이 있다면 꼭 도전해 보면 좋겠어. 하고 싶은 일을 하면서 살아가는 것만큼 행복한 삶은 없거든.

주는 사람의 행복

소명아, 오늘은 러시아 톰스크에서 있었던 일을 너에게 들려주고 싶어.

그곳에는 에이즈와 알코올 중독으로 고통받는 사람들이 모인 교회가 있는데, 거기서 치과 봉사를 하게 되었어.

그런데 사실 처음엔 조금 망설였어. 치과 치료를 하다 보면 피가 많이 나기 때문에, 혹시 나도 에이즈 병

균에 감염되지 않을까 하는 걱정이 있었거든.

하지만 막상 도착해 보니 그들의 눈빛이 나를 움직이게 했어.

모두 치아가 거의 없었고, 제대로 씹지도 못하고 말하는 것도 불편해 보였어.

나는 최선을 다해 레진 치료를 하고 틀니를 만들어 주었어. 밤을 새우며 작업했지. 틀니를 10개 이상 만들었단다. 몸은 피곤했지만, 그래도 내가 해야 할 일이었기에 즐겁게 했지.

그리고 다음날 환자들과 함께 차를 마시며 이야기를 나누는 시간이 있었어.

그때 한 분이 조심스럽게 자리에서 일어나 이렇게 말했어.

"사실 3개월 전에 틀니를 하려고 했었는데, 돈이 없어서 포기했어요. 그리고 기도했죠. 그런데 의사 선생님이 오셔서 틀니를 만들어주셨어요. 이 틀니는 하나님이 주신 선물이에요."

나는 그 말을 듣는 순간 가슴이 먹먹해졌어. 틀니를 만들면서 잠시 힘들다는 생각도 했는데, 그조차 미안해질 만큼 감사한 순간이었어.

다른 환자들도 한 명씩 고마움을 전하기 시작했어.

"나는 끝까지 안 믿었어요. 하루 만에 틀니를 만든다니…. 거짓말인 줄 알았어요. 하지만 지금은 믿어요."

"다른 곳에서 만든 틀니는 아프고 불편했는데, 이건 너무 편안해요. 이제부터 웃는 연습을 해야겠어요."

"아내에게 전화해 하루 만에 틀니를 만들었다고 했더니, 아내가 또 술 마셨냐고 하더군요. 처음에는 안 믿었지만, 사진을 보여주었더니 믿었어요."

"다른 의사들은 우리가 에이즈 환자라고 치료해 주지 않았어요. 그런데 이 의사분은 여기까지 와서 우리를 치료해 주어서 정말 감사했어요."

그분들의 말 한마디 한마디가 내 마음 깊숙이 새겨졌어.

소명아, 아빠는 늘 '받는 사람보다 주는 사람이 더

행복하다'라는 말을 생각하며 살아왔단다. 하지만 정말 그 말의 뜻을 실감한 건 바로 그 순간이었어. 나누는 것이 이렇게나 큰 기쁨이 될 줄 몰랐거든.

물론 나도 처음엔 '내가 왜 이곳까지 왔을까? 그냥 여기선 레진 치료까지만 해줘도 괜찮지 않을까?' 하고 생각했어. 하지만 하나님께서 그런 내 마음을 다듬어 주셨단다.

아빠는 항상 진정한 나눔은 나의 것을 남에게 주는 그런 것이 아니라, '친구를 만나러 가는 것'이라고 생각했었는데, 나는 그때 그분들이 친구처럼 느껴졌어.

내가 남을 돕는다고 생각하면 언젠간 반드시 시험에 들게 된단다. 어쩌다 서운한 일이 생기면 '내가 어떻게 해줬는데 이럴 수가 있어?' 하는 마음이 들면서 실망하게 되거든.

소명아, 우리가 나누는 작은 사랑이 누군가에겐 기적이 될 수 있다는 걸 꼭 기억하렴. 아빠는 그때도 그 기적을 경험했단다.

"할 수 있거든 너희로서는 모든 사람과 더불어 화목하라"(롬 12:18).

아빠는 이 말씀처럼 살고 싶단다. 우리 딸도 그랬으면 좋겠어.

2부

꽃씨를 뿌리는 삶

좋은 나눔이란

오늘은 아빠가 네게 '좋은 나눔'에 대해 이야기해 주고 싶구나!

사람들은 자기 것을 다른 사람에게 나누어주면 자기가 가난해지거나 손해를 본다고 생각한단다. 그래서 나눔을 망설이고, 때로는 아까운 마음이 들어 기쁘게 베풀지 못하지.

하지만 아빠는 지금까지 14년 이상 나눔이 삶이 되

는 길을 걸어왔단다.

여기서 중요한 건 내가 가진 것이 내 것이 아니라고 생각하는 거야.

만약 아빠가 내 것을 나눈다고 생각했으면 당연히 아깝고 나누기 힘들었을 거야.

하지만 아빠는 하나님의 선한 청지기로서 나누었단다. 내 것이 아니라 하나님의 것이기에 하나님이 원하시는 대로 사용했을 뿐이지.

그리고 신기한 것은 하나님이 주시는 복은 나누면 나눌수록 더욱 풍성해진다는 거야.

사람들은 자신의 것을 주면 그것이 없어진다고 생각해. 세상의 원리로 보면 맞는 말이지.

하지만 하나님 나라의 원리는 다르단다. 하나님을 위해 나누면, 오히려 더 풍성해지고, 받는 사람과 주는 사람 모두가 복을 받게 된단다.

그래서 하나님은 지금도 하나님의 것을 나누어줄 선한 청지기를 찾고 계시지. 더 많은 복을 흘려보내도록 말이야.

하지만 모든 사람에게 물질을 주지는 않으신단다. 이기적인 사람에게는 물질을 맡기지 않으시지. 물질은 선한 사람에게 주어지면 주린 자의 양식이 되지만, 악한 사람의 손에 있으면 쾌락의 도구로 변질될 수도 있기 때문이야.

그래서 하나님의 뜻을 이루고자 하는 사람은 하나님이 책임져 주시는 거란다.

소명아, 아빠가 너에게 질문 하나 할게.

너는 다른 사람에게 기쁘게 나누어줄 수 있는 것이 어느 정도니?

아빠가 운영하는 치과는 모든 치료가 무료야.

하지만 이게 쉬운 결정이었을까? 절대 아니지. 처음에 치과 진료를 시작할 때는 진료용 의자조차 없을 만큼 모든 것이 부족했어. 그래서 틀니 봉사밖에 할 수 없었단다.

그때 하나님이 아빠에게 말씀하셨지.

“주님의 이름으로 틀니 1,000개를 만들어라.”

솔직히 말해 아빠는 그 말씀을 들었을 때 ‘과연 가능할까?’라는 생각이 들었어.

하지만 하나님이 하라고 하셨으니 믿고 순종했단다. 그리고 정말 놀라운 일이 일어났어. 많은 환자가 몰려왔고, 지금까지 3,000개가 넘는 틀니를 만들었으니 말이야.

하나님의 은혜가 아니었다면 절대 불가능한 일이었지.

그런데 무엇보다 중요한 건 이 모든 일을 기쁨으로 했다는 거야.

어떤 날은 밤새 틀니를 만들 때도 있었단다. 몸은 힘들었지만, 마음만은 하나님의 임재 안에 있었기에 기쁨으로 감당할 수 있었지.

그리고 한번은 정말 어려운 환자를 만났단다. 그 환자는 틀니가 아니라 임플란트가 꼭 필요한 상황이었어. 하지만 임플란트는 재료가 비싼 수술이었기 때문에 망설일 수밖에 없었지. 그때 아빠는 하나님께 이렇게 기도했어.

“하나님, 저희도 임플란트 봉사로 이분들을 섬기고 싶어요.”

그러자 놀랍게도 하나님이 길을 열어주셨고, 지금은 임플란트 봉사도 즐겁게 해드리고 있단다. 봉사가 진행되면서 ‘이번까지만 해드리면 재료가 다 떨어질 거야’라고 생각할 때마다, 이상하게 재료가 떨어지지 않고 계속 공급되는 거야. 정말 신기하지 않니? 아마 하나님도 임플란트 봉사를 기쁘게 바라보고 계시지 않을까 싶어.

아빠도 말로 다 설명할 순 없지만, 이게 바로 하나님 나라의 원리라는 걸 깨달았단다.

소명아, 네가 이 원리를 깨닫는다면 네 삶도 분명 풍성해질 거야. 그리고 무엇보다 삶 자체가 행복해질 거야. 행복은 돈이나 건강에서 오는 게 아니야. 진정한 행복은 하나님 안에서, 그리고 이웃과 화목하게 살아가는 데 있기 때문이란다.

소명이도 한번 하나님의 소망을 꿈꿔 보면 어떨까?

"하나님, 제가 하나님을 위해서 무엇무엇을 하겠습니다."

이렇게 선포하고, 마음에 조금 부담은 되겠지만 기쁨으로 실행해 본다면, 하나님이 분명 기뻐하실 거야. 그리고 하나님이 네 삶을 책임져 주실 거야.

아빠는 소중한 우리 소명이가 하나님의 선한 청지기로 멋지게 살아가길 늘 기도한단다.

실시간 동행

소명아, 오늘도 아빠는 기도하며 하루를 시작했단다.

"하나님, 오늘은 누구를 만나게 하실 건가요?"

한 여자 환자가 치과를 찾아왔어. 이름은 알리야라고 하는데, 딸 하나를 키우며 홀로 살아가고 있었지.

알리야는 한국으로 시집을 갔지만, 새로운 환경에 적응하지 못해 딸을 데리고 다시 이곳으로 돌아왔다고 해. 남편과는 이혼했는데 위자료도 한 푼 받지 못

하고 오직 딸과 둘이 살아가고 있었어. 하루하루 만두를 빚어 팔며 생계를 이어가고 있는데, 하루 종일 열심히 만들어 팔아도 손에 쥐는 돈은 고작 7천 원 정도라고 했어.

그런데 며칠 전 집 앞 치과에서 치아를 하나 뽑았다고 하더구나. 이제는 치료를 해야 하는데, 브리지로 세라믹 세 개를 해야 한대. 하지만 하루 벌어 하루 먹고 사는 알리야에게 세라믹 치료는 꿈만 같은 이야기였지.

아빠는 그녀의 이야기를 들으며 문득 하나님께서 예비하신 사람이 아닐까 하는 생각이 들었어. 그래서 하나님께 물었어.

"하나님, 이분을 어떻게 치료할까요?"

그때 마음속 깊은 곳에서 하나님께서 말씀하시는 것 같았어.

"임플란트를 해주어라."

예전 같았으면 세라믹 브리지를 해주었을 거야. 하지만 우리에게 언제나 최고를 주고 싶어 하시는 하나님의 마음을 알기에, 이번에는 임플란트를 해주기로 했단다.

임플란트는 한국에서도 비싸지만 키르기스스탄에서는 더더욱 엄청난 비용이 들어. 아마도 한국보다 더 비쌀 거야.

이곳에서는 일반적으로 성인 남자가 3개월 동안 번 돈을 한 푼도 쓰지 않고 모아야 할 수 있는 치료거든. 하지만 하나님께서 허락하셨기에 아빠는 기쁜 마음으로 알리야에게 임플란트를 해주었단다.

사람들은 종종 자신의 감정이나 체험을 통해 하나님의 임재를 느끼려고 한단다. 그래서 조금이라도 더 경건해지려고 애쓰고, 마음을 주님께 두려고 하지.

하지만 사실 예수님은 이미 우리 마음 안에 늘 함께 계시거든. 중요한 건 주님과의 실시간 동행이란다. 그러니 매 순간 하나님께 물어보아야 해.

"하나님, 이분을 어떻게 치료할까요?"

"하나님, 이분에게 지금 가장 필요한 것은 무엇인가

요?"

"하나님, 제가 이분을 어떻게 도울 수 있을까요?"

이렇게 끊임없이 물어보면, 하나님께서 실시간으로 임재하시며 응답해 주신단다.

그리고 이것이 행복의 비결이란다.

하나님은 어떤 상황에서도 우리에게 가장 좋은 것을 주시기 위해 항상 노력하고 계신다는 걸 기억하렴.

우리 소명이도 하나님과 동행하는 삶을 통해 가장 좋은 것을 누리는 사람이 되길 기도할게.

이때를 위함이라

아빠는 오늘도 치과에서 많은 사람을 만났단다.

특히 이번 달에는 어느 교회 교인들이 단체로 치료를 받으러 왔어.

모두 열 명이 넘는 분이 오셨어.

어떤 분은 레진, 어떤 분은 틀니, 또 어떤 분은 임플란트 치료를 받았단다.

그중에서 특히 기억에 남는 환자들이 있어.

한 사람은 지체 장애가 있는 자매인데, 그 자매는 치아 교정을 받고 싶어 했어. 사실 봉사로 교정 치료까지 하는 건 쉽지 않은데….

하지만 '내가 안 해주면 누가 해주겠어?' 하는 긍휼의 마음이 들었단다.

그래서 브라켓을 붙여주었더니, 그 자매는 세상을 다 가진 듯한 표정을 지었어.

또 한 분은 발레리라고 고려인 아저씨인데, 치아가 하나도 없었어.

그런데 이번에 틀니를 선물 받고 정말 기뻐하셨지.

어떤 청년은 세라믹 치료를 받으러 다른 치과에 갔었는데, 치료비가 500달러나 나와 너무 비싸서 포기하고 있었대. 그런데 이번에 우리 치과에서 무료로 치료를 받았단다.

그 청년이 눈물을 글썽이며 말했어.

"치료비는 어떻게 드리면 될까요?"

아빠는 웃으며 대답했지.

"이건 예수님이 주는 선물이란다. 치료비는 기도로 받을게. 생각날 때마다 기도해 주렴."

그 청년은 아마도 평생 이 순간을 기억할 거야. 평생 예수님도 잘 믿었으면 좋겠어.

또 한 명은 특이한 증상이 있는 여자분이었는데, 입을 벌릴 때마다 딸깍딸깍 소리가 났어.

어깨와 허리도 아프다고 했지. 알고 보니 턱관절 문제였어.

이곳 키르기스스탄에는 턱관절을 치료하는 치과가 없다고 하더라고. 왜 허리와 머리가 아픈지도 모르고. 여기저기 병원에 다녔지만, 아무도 원인을 모른다고 했대.

아빠는 스프린트 장치를 끼워주고, 매번 도수치료로 척추를 반듯하게 맞추어주었단다.

지금은 머리가 아프지 않다고 정말 좋아해.

그분은 한국말을 유창하게 하는 고려인이었는데, 우리 치과에서 치료받고 정말 감사하다고 한글로 편지까지 보내왔단다.

아빠는 환자를 치료할 때마다 기도하며 하나님께 물어본단다.

"하나님, 이 환자는 어떻게 치료하면 좋을까요?"

그러면 하나님께서 각각에 대해 어떤 마음을 주셔.

그래서 어떤 분은 임플란트를, 어떤 분은 틀니를, 또 어떤 분은 교정 치료를 받게 되는 거지.

때로는 이런 방식 때문에 생각지 못한 문제가 생길 때도 있어.

하지만 신기하게도 그때마다 하나님께서 명쾌한 해결책을 주신단다.

가끔 임플란트 같은 재료비가 많이 들어가는 치료를 할 때면, 아빠도 고민이 되어서 주님께 다시 기도한단다.

그러면서 그때마다 아빠가 외치는 선언 같은 것이 있어.

"이때를 위함이라! 이때를 위함이라! 지금까지 재료가 떨어지지 않고 남아 있는 것이 이때를 위함이라!"

이렇게 기도하면 두 눈에 눈물이 고이며 마음을 다해 치료할 힘을 얻게 된단다.

소명아, 요즘은 치과 치료에 필요한 재료 가격이 정말 많이 올랐단다.

그래서 가끔은 이런 생각이 들어.

'우리가 계속 이렇게 봉사할 수 있을까?'

하지만 그때마다 아빠가 치과 의사가 된 것도, 이런 치료를 할 수 있는 것도, 이렇게 봉사할 수 있는 것도 모두 이때를 위함이라고 생각한단다.

예전에는 틀니나 세라믹 치료만 했는데, 이제는 임플란트까지 할 수 있게 되어서 얼마나 기쁘고 신기한지 몰라.

지금까지의 봉사를 돌이켜보면, 하나님은 우리의 역량을 키워서 사용하신다는 생각이 들어.

하나님이 처음부터 임플란트를 하라고 하셨다면, 아빠도 무척 힘들었을 거야.

그런데 지금은 임플란트도 큰 부담 없이 해줄 수 있

단다.

우리 치과는 모든 것이 무료인데 아직도 안 망한 걸 보면, 참 신기한 일이지.

하지만 이렇게 나누면 나눌수록 더 커지는 것이 하나님 나라의 원리라고 생각해.

아빠는 오늘도 하나님이 주신 달란트를 기쁘게 사용하고 있단다.

소명이도 언젠가 너만의 달란트로 세상에 선한 영향력을 끼치는 사람이 되길 바란다.

착한 사람을 도와주고 싶어

얼마 전, 아빠는 토로군이라는 아저씨를 만났단다.

한국에서 5년 정도 일해서 그런지 한국말을 제법 잘하더구나. 그런데 앞니 세 개가 없어 좀 불편해 보였어. 그래서 임플란트 두 개를 해주고 세라믹을 만들어 주었단다.

그런데 그렇게 치료를 해주고 나서 보니, 다른 치아도 빠져 있는 거야.

그래서 기도하면서 하나님께 물었지.

“하나님, 또 어떻게 도와드릴까요?”

그랬더니 임플란트를 해주라는 마음을 주시더구나.

그래서 기쁜 마음으로 임플란트를 두 개를 더 해드렸단다.

아빠는 착한 사람을 보면 더 도와주고 싶단다.

소명아, 원래 아빠는 가난한 사람과 불쌍한 사람을 중심으로 봉사한단다.

그런데 토로군 아저씨는 가난하지도 않은데 기도하면 이상하게 마음이 가더구나.

아마도 토로군 아저씨가 착해서 더 도와주고 싶은 마음이 드는 것 같아.

착한 사람을 도와주면 그 착함이 아빠에게도 오는 것 같거든. 그런 사람을 돕고 나면 오히려 내가 더 착해진 기분이 든단다.

토로군 아저씨도 아빠가 치료를 다 해주니까 “이렇게 공짜로 해주셔도 되나요?” 하며 연신 고마워하더구나!

그런데 알고 보니 토로군 아저씨는 인테리어 기술이 있는 분이었어.

아빠에게 혹시 치과 리모델링을 하고 싶냐고 물어보더라고.

아빠도 리모델링을 하고 싶지만, 우리 치과는 모든 것을 무료로 하고 있기 때문에 그럴 비용이 없다고 이야기했어.

그랬더니 토로군 아저씨가 먼저 나서서 말했어.

"원장님, 재료 몇 가지만 사주시면 제가 인테리어를 해드릴게요."

공짜로 치료받은 것이 미안했는지 그렇게라도 갚고 싶었나 봐.

내가 도와주었던 분께 다시 도움을 받게 되니 정말 고맙더라고. 도움을 받는 것이 이런 기분이구나 했지.

사실 아빠는 임플란트를 해주면서 아무것도 바라지 않았어. 그냥 그분이 치료받고 행복했으면 좋겠다고 생각했을 뿐이야.

그런데 토로군 아저씨가 이렇게 다시 도와주니 오히려 아빠가 미안한 마음이 들더구나.

때마침 코로나 환자가 우리 치과에 다녀가는 바람에 아빠도 밀접 접촉자가 되어 며칠 동안 치과 문을 닫아야 했어.

그 기간에 토로군 아저씨가 인테리어를 해주었고, 치과가 새롭게 단장된 모습을 보니 얼마나 기분이 좋던지! 이제는 깨끗한 치과에서 환자들에게 더 좋은 치료를 해줄 수 있겠다 싶었어.

무엇보다 사랑의 마음들로 우리 치과가 세워져 가는 것이 너무나 기뻤단다.

소명아, 너도 착한 사람을 도와주면 아빠의 마음을 이해하게 될 거야.

예수님도 말씀하셨단다.

잔치를 베풀 때는 부유한 이웃을 부르지 말고, 가난하고 불쌍한 사람들을 초대하라고 말이야. 그러면 그들이 갚을 것이 없기에 우리에게 복이 된다고 하셨어

(눅 14:12).

부유한 사람을 잔치에 초대하면, 그 사람도 다시 잔치를 열어 우리를 초대함으로 갚을 수 있겠지? 하지만 가난한 사람은 그렇게 갚을 수가 없어. 그래서 예수님은 도움을 받을 수 없는 사람을 도우라고 하신 거야.

소명아, 아빠 치과는 이런 목표를 가지고 있단다.

첫째, 되도록 불쌍한 사람을 도와주자.

둘째, 되도록 예수님 믿는 사람을 도와주자.

셋째, 되도록 착한 사람을 도와주자.

예수님도 가난하고 불쌍한 사람을 도와주셨거든.

그런데 특별히 착한 사람을 도와주자는 것은, 아빠가 봉사하면서 느낀 것 때문이야.

착한 사람을 도와주면 내가 힘이 나고, 도와주면서도 지치지 않거든.

소명아, 늘 착한 사람, 어려운 사람을 도우며 살아보렴.

그러면 그것을 통해 얼마나 행복해지는지 너도 분명히 알게 될 거야.

하나님의 복을 누리는 사람

사랑하는 딸 소명아, 오늘도 아빠는 환자들을 만나고 치료하며 하루를 보냈단다.

이곳 치과에 오는 사람들은 대부분 가난해.

아빠는 최선을 다해 도와주고 있지만, 사람들은 어떻게 해야 도움을 받을 수 있는지를 잘 모르는 것 같아.

사실 아빠는 "가난하니 치료해 주세요"라는 말보다, "예수 믿을 테니 치료해 주세요"라는 말을 더 듣고 싶어.

오늘은 특별한 손님이 오셨어. 아나톨리라는 아저씨야.

예수님을 믿지는 않지만, 사랑의교회에서 세운 사랑글로벌학교에서 수리공으로 일하시는 분이야.

아빠는 아저씨의 치아 상태를 살펴보며 어떤 치료가 가장 좋을지 고민했고, 하나님께 기도하며 물어보았단다. 환자가 원하는 치료보다, 하나님이 원하시는 치료를 해드리고 싶었기 때문이지.

그때 하나님께서 아빠에게 이런 마음을 주셨어.

"임플란트를 해주어라."

그런데 아저씨는 임플란트가 뭔지도 잘 모르셨어. 쇠를 뼈에 박는다는 개념 자체가 생소했던 거야. 주변에서도 그런 치료를 받은 사람이 없다 보니 더 낯설었겠지.

그래서 하루 정도 생각해 보시라고 말씀드렸단다.

그런데 다음 날 아저씨는 다시 오셔서 이렇게 말씀하셨어.

"임플란트로 해주세요."

아마 집에 돌아가 주변 사람들에게 물어보셨나 봐. 그래서 임플란트가 훨씬 비싸고 좋은 치료라는 걸 아신 거지. 그분이 하나님의 선택을 받아들이신 거야.

아빠는 기쁜 마음으로 임플란트를 해드렸단다.

일주일쯤 지나 실밥을 제거하러 다시 오셨는데, 그분 손에 꿀, 사과, 토마토가 한가득 들려 있었단다.

"이건 제 마음입니다. 받아주세요. 정말 감사합니다."

그분의 정성스러운 마음에 아빠도 참 뭉클했어.

아빠는 치료비는 받지 않지만, 마음이 담긴 선물은 감사히 받는단다.

아저씨가 가져오신 토마토를 보니 갑자기 옛날 생각이 났어.

예전엔 환자들이 토마토를 정말 많이 가져오셔서 우리 치과 이름이 '토마토 치과'였단다.

할머니 환자분들이 아빠에게 뭘 좋아하냐고 물으셔서, 그 당시 토마토가 1킬로그램에 500원 정도밖에 안

하길래 토마토를 좋아한다고 했더니, 소문이 나서 다들 토마토를 사 오셨던 거야.

아나톨리 아저씨가 주변 사람들에게 임플란트를 무료로 하게 되었다고 말했나 봐.

그랬더니 다들 믿지 않더래. 그렇게 비싼 걸 어떻게 공짜로 했냐면서.

그리고 많은 사람이 임플란트한 걸 보러 왔다는 거야.

사람들의 반응이 재밌기도 하면서, 진심으로 기뻐하는 아저씨의 모습을 보며 아빠 마음도 따뜻해졌단다.

소명아, 가끔 사람들이 아빠에게 이렇게 물어.

"그렇게 비싼 치료를 무료로 해주면 아깝지 않으세요?"

그럴 때마다 아빠는 주저 없이 대답한단다.

"사실 이건 제가 하나님의 사람으로 준비되는 과정입니다. 그리고 그 치료 비용은 제가 성장하고 배우는 데 드는 수업료라고 생각합니다."

그런데 사실 아빠도 가끔은 무료 치료를 하면서 아

까운 마음이 들 때가 있단다. 누구나 처음엔 즐겁게 봉사를 시작하지만, 시간이 지나면 조금 지치기도 하고, 서운한 마음이 들기도 해. '이게 정말 맞는 걸까?' 하는 생각이 들 때도 있지.

봉사는 단순한 행위가 아니야. 거기에는 참 많은 자신과의 싸움이 숨어 있어.

그리고 '봉사한다'라는 말 자체에 은근히 우쭐대거나 자랑하고 싶어 하는 마음이 깔려 있기도 하지.

혹시 소명이도 이런 마음이 든 적이 있니?

아무리 기도해도 하나님이 보이지 않고, 계속 침묵하시는 것만 같은 느낌 말이야.

그러나 그럴 때도 꼭 기억하렴.

하나님은 항상 우리를 사용하시기 위해 뭔가를 준비하고 계신단다.

아빠는 하나님이 언제나 선한 사람을 찾고 계신다는 것을 믿어.

그리고 언젠가 아빠도 준비가 끝나면 하나님께서 더

크게 사용하실 거라고 생각해.

하나님은 또 지금도 하늘의 복과 물질을 마음껏 부어줄 사람을 찾고 계셔.

아빠와 우리 소명이도 하나님이 찾으시는 사람이 되었으면 좋겠어.

준비된 사람에게는 하나님께서 반드시 그 복을 허락하실 거야.

아빠는 오늘도 우리 소명이가 하나님의 복을 누리는 사람이 되기를 기도한단다.

물질은 필요한 만큼보다 조금 적게 있는 게 좋다

소명아, 오늘도 너에게 들려주고 싶은 이야기가 있어.

아침부터 고려인 알까지 집사님이 치과에 오셨어. 오래전 내가 키르기스스탄에 처음 와서 틀니를 만들어드렸던 분이지. 그때 만든 틀니를 무려 9년이나 쓰고 계셨다는 거야. 얼마나 아끼고 소중하게 사용하셨는지, 그 모습이 참 감사했어.

그런데 이번엔 앞니가 흔들린다고 하셨지. 살펴보니 왼쪽 앞니가 많이 약해져 있었어. 처음엔 브리지를 해드릴까 생각했어. 하지만 그 옆 치아들이 너무 건강했어. 건강한 치아를 깎아야 하는 게 아까워 고민이 됐지. 그러다 결국 임플란트를 해드리기로 했어.

치아를 뽑은 후 바로 심는 임플란트는 고정이 잘 돼야 해. 그래서 더 신중하게 작업했지.

원래 우리 치과에서는 환자가 치료 방법을 정하지 않아. 내가 기도하면서 마음에 와닿는 치료를 해주거든. 그런데 이번에도 하나님께서 가장 좋은 길로 인도해 주신 것 같았어.

임플란트 치료를 마치고 나니, 집사님이 환하게 웃으며 작은 꾸러미를 내미셨어.

"이거 아침에 제가 직접 만들었어요, 원장님 드시라고요."

나는 그 음식을 받아 들고 밝게 웃었어. 그 따뜻한 마음 하나로 치료비는 충분했어.

그래도 그 음식을 나에게 주려고 아침부터 분주히 요리를 하셨던 거야. 그때까지도 따뜻했던 걸로 보아 방금 만든 것 같았어.

소명아, 나눔에서는 얼마나 많이 가졌는지가 중요한 게 아니야. 다른 사람과 나누려는 간절한 마음이 더 중요하지.

사람들은 흔히 자기에게 충분한 물질이 있어야 남을 도울 수 있다고 생각한단다.

그러나 아빠는 지금까지 물질이 충분히 있어서 나눈 적이 별로 없었어. 오히려 솔직히 말하면 늘 조금씩 부족한 상황에서 나누었지. 하지만 그 부족함이 오히려 더 나를 간절하게 만들었단다.

만약 내가 물질적으로 풍족했다면 어땠을까?

'어차피 많으니 그냥 나누면 되지' 이렇게 가볍게 생각하지 않았을까?

그러나 내가 부족하기에 한 명 한 명에게 더 정성을 다하고 싶은 마음, 더 잘해주고 싶은 마음이 생기는 거야.

소명아, 물질은 필요한 만큼보다 조금 적게 있는 게 좋은 거 같아. 너무 많으면 썩을지도 모르거든.

그리고 우리 인생은 결국 나그넷길이야. 여행자가 짐을 한가득 지고 가면 얼마나 힘들겠니?

때론 조금 모자란 듯, 조금 불편한 듯 사는 것이 더 재미있고 멋있는 법이야.

우리가 기타를 칠 때 줄을 조율해야 하잖아.

그런데 줄이 너무 팽팽하면 끊어지고, 너무 느슨하면 소리가 제대로 나지 않지.

사람의 관계도 그래.

너무 힘을 주면 부러지고, 너무 풀어 놓으면 멀어지지.

우리 삶도 마찬가지란다.

너무 부유한 사람을 기준으로 삼으면 불행해지고, 너무 가난한 사람을 기준으로 삼아도 마음이 불편해지지.

그러니 적당한 음을 잡고, 내 마음을 조율하는 것이

중요하단다.

그렇게 살아가다 보면, 네 곁에 있는 사람들에게 더 많은 사랑을 나눌 수 있을 거야.

정말 행복한 사람은 주는 사람이다

어느 날 시골에서 사역하시는 한 한국인 선교사가 치과에 찾아왔어. 그리고 조심스러운 목소리로 말했지.

"이분 치아 좀 봐주실 수 있을까요? 최근에 뇌수술을 받으셨는데, 치아가 거의 없어요."

그분 옆에는 작은 체구에 나이가 지긋한 현지 여자분이 서 있었어. 얼굴은 평온했지만, 눈빛은 깊은 세월을 담고 있었지.

나는 조심스럽게 그분의 구강을 살펴봤어.

위쪽 치아는 전혀 없었고, 아래쪽엔 겨우 여섯 개만 남아 있었지. 음식을 씹지도 못하고, 제대로 말하지도 못하는 상황이었지.

아빠는 잠시 고민했어.

임플란트나 다른 좋은 치료를 해줄 수 있다면 정말 좋을 텐데, 현실적으로 가능한 건 틀니뿐이었어. 그렇다면 최고의 틀니를 만들어드려야겠다고 마음먹었지.

나는 독일산 플렉시블 틀니를 선택했어. 이곳에서는 이 틀니 하나가 사람들의 두 달 치 월급과 맞먹을 정도로 비싸기 때문이야.

물론 임플란트를 해주지 못해 미안한 마음은 있었지. 그러나 치아가 많이 없는 사람은 임플란트를 많이 해줄 수 없거든.

내가 해줄 수 있는 것은 그저 기쁜 마음으로 최선을 다해 나누는 것뿐이었어.

그래서 틀니를 예쁘게 만들어 끼워드렸어. 독일 플

렉시블 틀니는 착 달라붙는 게 낭창낭창해서 착용감이 좋아. 그분은 거울을 보며 천천히 입을 움직였어. 그러고는 활짝 웃었어. 마치 오랜 시간 잊고 있던 자신의 모습을 다시 찾은 듯한 표정이었지. 아주 오랜만에 웃는 것이라고 했어.

그 순간 아빠는 깨달았어.

주님의 틀니는 가난한 사람을 웃게 한다는 것을.

일주일 후 그분이 다시 찾아왔어. 혹시 불편한 점이 있어서 그런가 싶어 물었더니, 그녀는 활짝 웃으며 말했어.

"정말 잘 맞아요. 마치 내 치아 같아요."

그녀의 웃음에는 감사와 기쁨이 가득 차 있었어.

그렇게 무료로 끼워준 틀니가 어느덧 삼천 개가 훨씬 넘었어. 그 수많은 틀니가 가난한 사람들의 얼굴에 미소를 되찾아 주었지.

소명아, 하나님께서는 의도적으로 우리 곁에 가난한 사람들을 두셨다고 하셨어. 우리가 그들을 통해 배워야 할 것이 있기 때문이야.

만약 우리 주변에 가난한 사람이 없다면, 우리는 많은 것을 잃을 거야.

우리가 누구인지 알기 위해, 또 왜 살아가야 하는지 알기 위해 우리는 가난한 사람을 외면해서는 안 돼. 예수님께서도 가난하고 병든 자들을 고치는 데 많은 시간을 쓰셨지.

우리가 예수님의 성품을 닮아가려면, 우리 역시 그들을 품어야 해.

아빠는 소명이가 가난한 이들의 마음을 헤아리는 사람이 되길 바란단다. 네가 다른 사람을 헤아리는 그 헤아림으로, 하나님께서도 너를 헤아려주실 거야.

선심이 아니라 사랑으로 섬기는 삶

소명아, 어느 날 아빠는 치과에서 특별한 분들을 만나게 되었단다.

바로 김유따 할머니와 그 남편 할아버지야.

그분들은 아주 어렸을 때 키르기스스탄에 오신 고려인 부부인데, 딸은 모스크바에 살고, 두 분은 아주 적은 연금에 의지해 어렵게 살고 계셨단다.

그분들의 사정을 알게 된 후, 나는 바로 그분들에게

치과 치료를 해드리기로 결심했어.

그분들은 돈이 없어서 틀니도 할 수 없다고 말씀하셨어. 그런데 나는 그분들의 치아를 보고 마음속으로 결심했어. '이분들에게 임플란트를 해드려야겠다.'

그래서 김유따 할머니에게 임플란트를 해드렸어. 그리고 할아버지는 치아가 하나도 없으셔서 틀니를 만들어드렸어. 물론 치료비는 전혀 받지 않고 그분들에게 필요한 치료를 다 해드렸지.

그런데 그분들은 치료비를 받지 않겠다는 말을 믿지 않았어. 치료하는 동안에도 비용이 얼마나 드느냐고 계속 물어보셨어. 그래서 아빠가 이렇게 말씀드렸지.

"이건 예수님께서 주시는 선물입니다. 그냥 예수님께 감사하시면 됩니다."

할머니와 할아버지는 조금 의아해하시면서도, 진심으로 고마워하셨어.

그 후 그분들은 치과에 오실 때마다 손수 만드신 만두와 빵을 가져오셨어. 혹시라도 식을까 봐 치과에 오시기 바로 전에 만드신 것 같았어. 사실 그분들이 준비해 온 음식을 받는 게 정말 미안했지만, 그 마음이 너무나 고마워 맛있게 먹었단다. 그리고 그분들의 따뜻한 마음이 나에게 큰 교훈을 주었단다.

소명아, 아빠는 이 경험을 통해 생각했어. 나눔은 선심이 아니라 사랑으로 해야 한다고 말이야. 우리가 다른 사람을 돕는 것은, 그저 기부를 하거나 뭔가를 주는 것이 아니라, 마음으로 그 사람을 사랑하고 섬기는 것이어야 한다는 거야. 이곳 분들에게 임플란트나 틀니를 해드리는 것보다 더 중요한 것은, 이분들이 사랑으로 섬김을 받고 있다고 느끼게 해주는 것이란다.

우리가 돈을 버는 이유는 더 잘 살기 위해서, 그리고 더 나은 삶을 살기 위해서지만, 돈이 인생의 목적이 되어서는 안 된단다. 돈을 좇는 삶은 결국 공허하게 될 수 있어.

우리가 이 세상에서 가장 중요하게 여겨야 하는 것은 하늘에 보화를 쌓는 것이란다. 아빠는 그것이 구체적으로 가난한 사람들을 돕는 것이라고 믿고 있어. 그것이 이 땅에 가난한 사람이 존재하는 이유라고 생각해.

소명아, 하나님은 우리에게 사랑으로 다른 사람을 돕고, 또 다른 사람과 가진 것을 나누라고 하셨어. 우리가 다른 사람을 사랑으로 도울 때, 하나님은 그것을 통해 우리가 진정한 행복을 찾을 수 있게 하신다는 걸 꼭 기억하렴.

이 세상을 살아가면서 너도 언젠가는 도움이 필요한 사람들을 만날 거야. 그럴 때 절대 선심이 아니라 사랑으로 그들을 돕기 바란다. 사랑은 우리가 나눌 수 있는 가장 큰 보화이고, 그 사랑을 나누는 사람에게 하나님께서는 큰 복을 주실 거야.

오늘도 아빠는 하나님께 기도했단다.

"하나님, 제가 이곳에서 가난한 사람들을 도울 때, 선심이 아니라 사랑으로 하게 해주세요."

사랑하는 딸 소명아, 너도 꼭 하나님께서 주시는 사랑을 세상에 나누는 사람이 되기를 바란다.

우리에게 좋은 것을 주고 싶어 하시는 하나님

키르기스스탄에는 쿠반 아저씨라는 분이 계셔. 아저씨는 가난하지만, 누구보다 마음이 따뜻한 사람이지. 큰 고아원에서는 아이들에게 충분한 사랑을 줄 수 없다고 생각해서, 직접 18명의 아이와 함께 살고 있거든. 그곳은 작은 가정식 고아원 같아. 아이들은 함께 밥을 먹고, 함께 놀고, 함께 자라면서 가족이 되어 가고 있지.

쿠반 아저씨는 늘 아이들을 잘 돌보기 위해 애쓰느라 자기 자신을 돌볼 겨를이 없었어. 그러다 보니 특히 치아가 많이 상해, 앞니도 없고 음식을 제대로 씹을 수도 없는 상태였지.

고아원 아이들이 우리 치과에 왔을 때, 아이들 치료를 끝내고 쿠반 아저씨의 치아를 봐드렸어. 처음에는 보여주길 꺼렸지만, 앞니가 없는 것이 바로 보였기 때문에 아저씨의 치아를 보고 싶었단다.

결국 천천히 입을 열어주셨지. 나는 곧 고민에 빠졌어. '틀니를 만들어 드릴까, 아니면 임플란트를 해드릴까?'

우리 치과에서는 환자가 원하는 치료를 하는 게 아니라, 내가 기도하며 하나님이 해주라고 하시는 치료를 한단다. 그래서 기도했어. "하나님, 어떤 치료를 해야 할까요?"

그리고 쿠반 아저씨에게 가장 좋은 것을 해드리기로 했어. 결국 틀니보다 훨씬 더 나은 임플란트를 해드렸단다.

솔직히 처음부터 임플란트를 하려고 했던 것은 아니란다. 치아가 많이 없어 틀니를 해드리려고 본을 떴지. 그런데 집에 가서도 아저씨가 계속 생각나서 결국 쿠반 아저씨에게 다시 전화를 했단다. 하나님이 아저씨에게 틀니보다 더 좋은 것을 주시고 싶으셨나 봐.

그래서 결국 오늘 쿠반 아저씨께 임플란트를 해드렸어. 하나님은 이렇게 우리에게 늘 가장 좋은 것을 주고 싶어 하신단다.

그런데 솔직히 아빠는 임플란트 재료가 많이 있을 때는 많이 해주고 싶다가도, 재료가 많지 않으면 아까운 마음이 들곤 해. 사람 마음이 다 그런 건가 하며, 이번에도 회개의 시간을 가졌단다.

신기한 것은 몇 명만 임플란트를 더 해주면 재료가 바닥날 것으로 생각했는데, 여전히 떨어지지 않고 남아 있을 때가 종종 있다는 거야. 마치 하나님께서 성경의 사르밧 과부의 나눔을 귀하게 여기셔서 통의 가루가 떨어지지 않게 해주신 것처럼 말이야. 아마 더 많이 나누라는 뜻인 것 같아.

소명아, 사람이 잘 산다는 게 뭘까? 돈이 많고, 하고 싶은 거 하면서 사는 게 잘 사는 걸까?

물론 사람의 기본적인 욕구는 채워져야 하지만, 우리 인간은 단순한 육체만으로 된 것이 아니야. 우리는 영적인 존재지. 그래서 의미 있는 일을 할 때 비로소 삶의 가치를 느낄 수 있어.

많은 사람이 나눔은 경제적으로 여유 있는 사람이나 하는 것으로 생각해.

"저는 아직 나눌 게 없어요."

"돈 많이 벌면 그때 나눌게요."

이렇게 말하는 사람은 정작 나눌 것이 생겨도 나누지 못해. 나눔은 지금의 상황이 아니라 마음에서 시작되는 거거든.

우리 주변에는 쿠반 아저씨처럼 가난하지만 의미 있게 사는 사람이 의외로 많아. 그렇게 가진 것이 없어도 최선을 다해 주님과 이웃을 섬기며 살아가는 삶을 하나님께서도 기뻐하시지 않을까?

소명아, 성경의 다니엘을 기억하니? 다니엘은 뜻을 정하고 마음을 하나님께 두었어.

아빠도 하나님 앞에 정한 뜻이 있단다.

그래서 지난 14년 동안 키르기스스탄 사람과 고려인에게 단 한 번도 치료 비용을 받은 적이 없어.

우리의 신앙은 선택하는 거야. 자신의 소망을 이 땅에 둘 것인지, 하늘에 둘 것인지 그 선택에서부터 신앙이 시작된단다.

하나님이 찾는 사람은 이 땅에 살면서도 이 땅에 속하지 않기로 결심한 사람이야.

하나님의 나라는 탁월한 사람이 아니라, 다르게 살기로 결심한 사람에 의해 이루어지는 것이란다.

그러니 소명이 너도 네 뜻을 하나님께 두렴.

그러면 하나님이 네 삶을 통해 많은 사람에게 은혜와 긍휼을 흘려보내실 거야.

그것이 아빠가 생각하는 선교란다.

"하나님이 다니엘로 하여금 환관장에게 은혜와 긍휼을 얻게 하신지라"(단 1:9).

아빠는 이 말씀이 네 삶에서도 이루어지길 기도한단다.

소명아, 너도 다니엘과 같은 사람이 되기를 소망하렴. 아빠도 네가 가진 것이 많든 적든 언제나 기꺼이 이웃과 나누고, 뜻을 정하여 누군가의 삶에 따뜻한 흔적을 남길 수 있는 사람이 되기를 기도할게.

봉사는 주려는 마음을 품는 것

오늘은 치과에 라지온이라는 분이 오셨어. 고려인이어서 그런지 한국 사람과 닮았더라고.

아저씨는 용접 일을 하시면서 신앙을 잘 지키며 살아가고 계셨어.

그런데 치아 상태가 많이 안 좋았어. 그래서 아저씨에게 임플란트를 해드렸단다.

그리고 3개월 후에 상부 구조물과 크라운을 완성해

드렸단다.

치료를 마치고 거울을 보시던 아저씨는 처음엔 아무 말도 못 하셨어. 그러다 천천히 입을 여셨어.

"이게…정말 내 치아가 맞나요?"

나는 웃으며 고개를 끄덕였어. 아저씨는 거울을 한참 들여다보더니 갑자기 울컥한 듯한 표정을 지었어. 그리고 말씀하셨어.

"누가 나한테 이런 걸 해줄 거라고는 상상도 못 했어요."

라지온 아저씨에게는 평생 잊을 수 없는 일이겠지. 하지만 사실 그건 나도 마찬가지야.

소명아, 처음에 아빠는 임플란트 봉사를 한다는 게 부담스러웠어. 틀니나 기본 치료도 다 무료로 하는데, 임플란트까지 해준다는 게 가능할까 싶었지. 솔직히 아깝다는 생각도 들었어.

'이렇게 하면 나중에 치과 운영이 어려워지는 건 아닐까?'

‘임플란트 재료가 떨어지면 어떻게 하지?’

‘내가 정말 이것까지 감당할 수 있을까?’

여러 고민을 하면서 하나님께 기도했어.

“하나님, 정말 임플란트까지 그냥 해주는 게 맞습니까?”

그때 하나님이 아빠에게 말씀하셨어.

“이들도 모두 나의 소중한 자녀다.”

그 순간 움켜쥐려고만 했던 나의 마음이 천천히 풀렸어. 그리고 치료를 마친 아저씨의 환한 미소를 보면서 확신이 들었어.

‘아, 이게 맞구나!’

그러면서 내 안에 있던 탐심이 보였어. 움켜쥐려는 마음.

그 탐심을 버리는 방법은 딱 하나였어. 주려는 마음을 품는 것.

하나님이 주라고 하시면 망설이지 않고 주는 것.

하나님이 주라고 하시는 분께 흘려보내는 것.

그렇게 하니 아깝다는 생각이 점점 사라지더라.

소명아, 사람은 원래 다 움켜쥐고 싶어 해. 더 가지려 하고, 더 쌓아두려 하지. 하지만 움켜쥘수록 우리의 손은 더 무거워지고, 나눌 기회는 점점 줄어들어.

반면 가진 것을 흘려보내면 손이 가벼워지고 마음도 넓어져.

아빠는 우리 치과가 이런 곳이 되었으면 좋겠어.

상처받은 자가 위로받고, 아픈 자가 회복되는 곳.

무엇보다 많이 주어도 기쁨이 넘치는 곳.

봉사는 기쁨 없이 하면 안 되거든. 억지로 하는 봉사는 하나님이 원하시는 일이 아니란다.

소명아, 아빠도 아직 배워가는 중이야.

하지만 한 가지는 확실해.

기쁨으로 나누면, 그 기쁨이 다시 나에게 돌아온다는 것.

그래서 나는 오늘도 기쁘게 손을 내밀어 누군가에게 주려는 마음을 품으려 해.

진정한 나눔

소명아, 아빠는 오늘도 여느 때처럼 진료실에서 하나님께 묻고, 듣고, 기도하며 하루를 보냈단다. 그런데 오늘은 참 특별한 날이었어.

아침에 73세이신 고려인 라리사 할머니가 오셨어. 치아를 빼야 한다고 하더구나.

원래 다른 치과에서 치아 하나를 뽑았는데, 두 개를 더 빼야 한다고 했대. 그런데 비용이 너무 많이 들어

여기까지 오셨다고 하더라고.

할머니는 그냥 치아만 빼러 오셨지만, 나는 고민이 되었어. 치아를 뺀다는 것은 곧 그곳을 무언가로 치료해야 한다는 거니까.

'치아를 빼고 틀니를 해드려야 하나, 아니면 임플란트를 해드려야 하나?'

고민이 되어 하나님께 기도했지. 그런데 하나님께서 임플란트를 해드리라는 마음을 주시는 거야. 하지만 몇 개를 심어야 할지 결정이 쉽지 않았어. 마취를 하면서도 계속 하나님께 물었지.

"하나님, 몇 개를 심어야 할까요?"

먼저 치아를 뺀 두 군데에 뼈 이식과 함께 임플란트를 해드렸단다. 그런데 다른 치과에서 치아를 뺀 부위도 하나님이 임플란트를 해드리라는 마음을 주셔서, 결국 임플란트 세 개를 했단다.

나도, 라리샤 할머니도 정확히 몇 개를 해야 하는지 말하지 않았는데, 결국 하나님께서 결정하셨단다. 나도 몇 개를 심어야 할지 잘 몰라. 기도하면서 하나님과 함께 심다 보면 어떤 사람은 세 개도 심고, 또 어떤 사람은 네 개도 심고 그러는 거란다.

그런데 이날 루술란이라는 환자도 왔어. 그분은 임플란트를 하러 왔는데, 나는 그에게 틀니를 해주었단다. 이상하지 않니? 치아를 빼러 온 할머니는 임플란트를 선물 받고, 임플란트를 하러 온 루술란은 틀니를 선물 받았어. 이유는 나도 몰라. 단지 하나님께 기도하며 결정했을 뿐이란다.

라리사 할머니는 치료가 끝난 후 곶감을 선물로 주셨어. 무료로 치료해 주어 고맙다며 손에 쥐여 주셨지.

그 곶감 하나를 먹었더니 기분이 좋아지더구나! 이것이 봉사의 기쁨, 주님이 주시는 기쁨이란다.

사실 봉사는 무료로 해준다는 것보다 기쁘게 해준다는 것이 더 중요하단다.

하나님의 봉사는 하나님의 것을 하나님이 허락한 사람에게 기쁜 마음으로 주는 것이라고 생각해. 나는 단지 하나님께 묻고, 그 뜻대로 움직일 뿐이지.

소명아, 아빠가 지금까지 10년 넘게 봉사를 해오면서 한 번도 의료사고 없이 즐겁게 봉사할 수 있었던 이유가 뭔지 생각해 봤단다.

그건 아마도 '내 것을 남에게 준다'라는 생각을 하지 않았기 때문일 거야. 하나님의 것을 준다고 생각했기에 주면 줄수록 기분이 좋아졌던 것 같아. 자기 것을 남에게 준다고 생각하면 아까운 마음이 생기거든.

소명아, 진정한 나눔은 내가 가진 것이 내 것이 아니라고 생각할 때만 가능하단다.

하나님은 항상 옳다

오늘은 아자맛이라는 사람이 치과에 찾아왔단다. 그는 비쉬켁에서 호스피스 사역을 하고 있는데, 암으로 살 가망이 없는 사람들을 믿음으로 돌봐주고, 매주 세 번 노숙인들에게 무료로 식사를 제공한다고 하더구나.

우리 치과의 규정에는 한국 선교사들이 데려와야 치료를 해주게 되어 있는데, 아자맛의 이야기를 듣고 나니 그냥 보낼 수가 없었어. 그의 사역이 너무나 귀하게 느껴졌거든. 그래서 임플란트를 해주기로 결정했어.

아자맛은 20년 동안 송곳니가 빠진 채로 살았어. 그러다 오늘 단 5분 만에 그 자리에 임플란트가 생긴 거지. 처음 받아보는 임플란트 수술인데도, 수술이 간단하고 아프지 않다고 좋아하더라. 그 모습을 보고 나는 다시 기도했어.

"하나님, 어금니도 빠진 곳이 있는데, 하나 더 심어드려야 할까요?"

하나님도 흔쾌히 허락하셔서 어금니에도 추가로 임플란트를 해드렸단다.

아자맛은 정말 좋아했어. 그래서 치료비는 따로 받을 필요가 없었단다. 치료비는 환자가 기뻐하는 모습 하나면 충분하거든.

우리 임플란트 치료가 그의 호스피스와 노숙자 사역에 대한 하나님의 선물이라는 마음이 들었단다.

소명아, 아빠는 늘 고민한단다. 어떤 사람에게 임플

란트를 해줘야 하는지에 대해 말이야.

나를 믿고 후원해 주시는 분들의 마음을 알기에, 아빠는 정말 의미 있는 분들에게 임플란트를 해드리고 싶어. 하나님도 물질을 잘 사용할 줄 아는 사람을 찾으시니까.

오늘 아자맛에게 임플란트를 해드리고, 내 마음에 기쁨이 가득했어. 그리고 확신했지. 하나님도 기뻐하셨을 거라고.

아자맛이 치료를 마치고 나서 조심스럽게 말했어.

"제 아내도 치아가 없는데 임플란트를 해주시면 안 될까요?"

그 부부는 그동안 노숙자들에게 무료로 식사를 제공하고, 죽음을 앞둔 환자들을 돌보며 살아온 분들이었어. 큰 나눔을 실천하면서도 자신들의 선행을 드러내지 않는 모습이 내게 깊은 감동을 주었어. 그래서 아내분도 오시라고 해서 임플란트를 해주었단다.

소명아, 보통 사람들은 자신이 열심히 살면서 이루

어놓은 업적을 의지한단다.

그러다 보면 자신이 삶의 주인이 되어버리지.

하지만 성경에 이런 말이 있어.

"만물보다 거짓되고 심히 부패한 것은 마음이라"(렘 17:9).

그래서 우리는 우리 마음을 의지해선 안 돼. 하나님의 말씀을 의지해야 하지.

요즘 교회가 세상에서 안 좋은 말을 많이 듣지?

나는 이제 교회가 다른 욕을 들었으면 좋겠어.

"교회 다니는 바보들은 선교하고 봉사하는 데 돈을 쓴다며?"

"그 사람들은 하나님 말씀대로 산다고 하면서 하고 싶은 것도 못 하고 바보같이 살던데?"

세상 사람들의 눈에는 아자맛 부부의 삶이 바보 같을 수도 있겠지.

하지만 하나님은 항상 옳단다.

가장 좋은 것을 주시는 하나님

오늘은 고려인 엠마 할머니가 치과에 오셨어. 올해 73세이신데, 따님과 함께 오셨지.

나는 늘 하던 대로 환자분을 자리에 앉히고 말했어.

"환자분, '아' 해보세요."

그런데 치아가 참 난감한 상태였어.

할머니는 거의 치과에 와본 적이 없다고 하셨거든. 어떻게 음식을 씹으셨을까 싶더라고.

옆에 있던 따님도 처음으로 어머니의 치아를 보신 것 같았어. 그리고 갑자기 따님이 눈물을 흘리기 시작하셨어. 어머니 치아 상태를 보며 자신이 더 신경 써드리지 못한 것이 미안했겠지.

나는 울고 있는 따님에게 어머니 치아 상태가 너무 안 좋다고 말할 수가 없었어. 그래서 조심스럽게 말했지.

"괜찮습니다. 별 거 아닙니다. 이거 금방 합니다."

물론 나에게는 진짜 별 거 아니야. 나는 치과 치료 전문가니까. 흔들리는 치아는 빼고, 뿌리는 정리하고, 때울 것은 때운 다음 임플란트를 하면 되니까.

하지만 이곳 분들은 임플란트가 뭔지 잘 몰라.

그래서 할머니도 틀니를 해달라고 하셨지.

나는 틀니가 얼마나 불편한지 잘 알고 있었지만, 무료로 해드리는 치료인데 그냥 틀니를 해드릴까 하고 고민이 되더라고. 그게 아마 나에게도 더 편한 길이었을 거야.

그래도 기도했어.

"하나님, 이분에게 임플란트를 해드릴까요?"

그리고 하나님은 임플란트를 해주길 원하셨지.

그런데 문제는 할머니가 임플란트가 뭔지 잘 모르신다는 거야.

아무리 이게 더 좋은 것이라고 설명해도 쉽게 이해하지 못하시더라고.

그래도 나는 포기하지 않고, 할머니를 설득하고 또 설득했어. 그리고 결국 임플란트를 하기로 했지.

잇몸에 남아 있는 치아 뿌리를 제거하는 데만도 많은 시간이 걸렸어.

하지만 하나님이 임플란트를 해주기를 원하신다면, 나는 순종하고 싶었어.

그래서 인공 뼈와 멤브레인을 잇몸에 넣었고, 두 달이 지난 후에야 드디어 위쪽에 임플란트 세 개를 심을 수 있었어. 그리고 아래쪽은 치아가 많이 없어 좋은 틀니를 만들어드렸단다.

소명아, 하나님은 언제나 우리에게 좋은 것을 주고

싫어 하셔.

하지만 우리는 그 좋은 것이 무엇인지 모르기에 눈 앞의 것만 구할 때가 많단다.

엠마 할머니도 처음에는 틀니를 원하셨지만, 결국 임플란트를 선물 받으셨지.

임플란트가 완성된 후에는 너무나 좋아하셨단다.

우리도 마찬가지야.

우리는 종종 하나님께 내가 원하는 것만 구하지만, 하나님은 그보다 더 좋은 것을 주길 원하신단다. 그러니 하나님께 네 모든 것을 맡기렴.

그러면 하나님이 알아서 가장 좋은 것을 주실 거야.

소명아, 하나님은 언제나 옳으셔. 그리고 하나님은 너를 가장 좋은 길로 인도하실 거야.

몇 달이 지나 할머니가 다시 찾아오셨어. 아래 틀니 끼운 곳에도 임플란트를 하고 싶다면서.

임플란트가 좋다는 것을 아신 거지.

하지만 우리 치과 형편상 한 분께 그렇게 많이 심어

드리는 것은 어렵단다. 이미 세 개도 많이 해드린 건데, 또 세 개를 더 해야 하는 상황이 된 거야.

그래서 주님께 물었단다.

"주님, 어떡하죠?"

그러자 주님이 나에게 다시 물으셨어.

"어떡하면 좋겠니?"

그래서 나도 이렇게 대답했어.

"그러게요. 그래도 주님이 알려주셔야죠."

그러고서 여섯 개가 아니라 그 이상도 심어주고 싶은 것이 주님의 마음이라는 생각이 들었어.

결국 엠마 할머니는 그날 임플란트를 잘 하고 가셨단다.

아빠도 주님과 이렇게 대화하면서 봉사하니 주님이 더 가깝게 느껴지고, 주님께서 나와 함께 기뻐하시는 것 같아 마음이 따뜻해졌단다.

행복은 하나님이 우리에게 주시는 선물이다

오늘은 쿨프나이라는 환자를 만났어.

그는 비쉬켁 즐거운 치과에서 임플란트와 레진 치료를 선물로 받았단다.

쿨프나이의 어머니도 함께 오셨는데, 어머니께는 세라믹 치료와 틀니를 해드렸어.

그리고 다음날 쿨프나이가 환한 얼굴로 치과에 다

시 찾아왔어. 손에는 예쁜 꽃 한 송이가 들려 있었지.

나는 그 꽃을 받으며 생각했어.

'치료비는 꽃 한 송이면 충분하다.'

사람은 자신의 달란트를 다른 사람과 나누면 더 큰 복을 받게 되어 있단다. 그런 나눔은 하나님이 기뻐하시기 때문이지.

그런데 어느 날 쿨프나이에게서 이런 문자가 왔어.

'우리 아빠가 나쁜 사람들에게 맞아서 치아가 여러 개 빠졌어요.'

알고 보니, 쿨프나이의 아버지가 교회에 나간다는 이유로 무슬림들에게 심하게 맞은 거였어.

그분이 치과에 오셨을 때는 이미 치아가 여러 개 빠지고, 흔들리고, 부러져 있었어.

나는 고민했지.

'틀니를 해드려야 할까, 임플란트를 해드려야 할까?'

기도한 뒤, 빠진 치아가 너무 많아 결국 크라운과 틀니로 치료해 드렸어.

치료가 끝난 뒤, 이분들은 치료비 대신 집에서 키우던 오리를 가져오셨단다.

나는 오리를 바라보며 받아도 될지 잠시 고민했지만, 이분들의 마음이니 맛있게 먹어야겠다고 생각했어.

소명아, 우리 치과에서는 이런 일이 자주 있어. 우리는 치료비가 아니라 이런 가축이나 음식 등을 많이 받는단다. 이런 일종의 물물교환 방식이 너에게는 생소하게 들릴 수도 있지만, 여기서는 이런 일이 그렇게 낯선 것이 아니야.

그리고 사람들은 원래 이렇게 살았어. 자기가 가지고 있는 걸 서로 나누면서 말이야.

그런데 우리가 일을 하면 돈을 받아야 하는 세상에서 너무 오래 살다 보니, 이런 나눔이 새삼스럽게 느껴지는 거란다.

소명아, 너는 행복이 어디에서 온다고 생각하니?

사람들은 자신이 행복하지 않은 이유를 주변 환경 탓으로 돌리곤 해.

하지만 그렇게 생각하면 오히려 더 불행해질 뿐이란다.

행복은 찾아다니는 것도, 쟁취하는 것도 아니야.

행복은 하나님이 우리에게 주시는 선물이란다.

그러니 우리가 하나님을 위해 열심히 봉사하며 살아간다면, 행복은 따 놓은 당상이지.

아빠는 오늘도 소명이가 하나님께 모든 것을 맡기고, 기쁨으로 살아가길 바란다.

깻잎, 좋아하오?

아빠는 오늘 치과에서 특별한 할아버지를 만났단다.

올해 74세이신 고려인 알렉세이 할아버지는 지금도 농사를 지으며 살아가시는 분이야.

할아버지는 주머니에서 낡은 틀니를 조심스럽게 꺼내셨어.

10년 전 북한 치과의사에게 받은 것이라더구나.

하지만 너무 오래되어 치아 부분이 닳고 부러져 있

었어.

그것으로는 음식을 씹는 것도 불가능해 보이는데, 틀니를 새로 만들지 못하니 주머니에 넣고 다니셨나 봐.

아빠는 할아버지를 보면서 생각했어.

'이제 정말 편하게 식사하실 수 있도록 해드려야겠다.'

그래서 한국에서 가져온 좋은 재료로 정성을 듬뿍 담아 새 틀니를 만들어드리기로 했단다.

아빠는 늘 생각해. 우리가 가진 좋은 것을 꼭 필요한 분들에게 나누어드려야 한다고 말이야.

할아버지께서는 새 틀니를 맞추시고 고마운 마음을 전하고 싶으셨나 봐.

진료가 끝난 뒤 갑자기 아빠에게 물어보시더라고.

"깻잎, 좋아하오?"

아빠는 조금 놀랐지만, 활짝 웃으며 대답했지.

"네! 아주 좋아합니다."

그러자 할아버지가 가방에서 무언가를 꺼내셨어. 손수 키운 깻잎으로 담그신 깻잎김치였어. 겨울이라 귀한 것이었을 텐데, 아빠에게 주려고 가져오셨나 봐.

"겨울이라 드릴 것이 이것밖에 없어 미안하오."

아빠는 다시 말했어.

"아닙니다. 이렇게 귀한 것을 주시다니요! 저는 깻잎을 정말 좋아합니다."

할아버지는 봄이 되면 농사를 지어 신세를 갚겠다고 몇 번이나 말씀하셨단다.

그때 아빠는 속으로 이렇게 생각했지.

'할아버지, 신세는 우리가 갚아야지요.'

그동안 중앙아시아에서 고려인으로서 힘들게 사셨을 텐데, 이렇게 작은 도움에도 고마워하시는 모습이 아빠의 마음을 더 뭉클하게 했어.

아빠는 할아버지가 10년 동안 사용한 헌 틀니도 깨끗하게 수리해 드렸단다.

다음 주 일요일, 할아버지께 새 틀니와 수리한 틀니를 가져다드릴 거야.

그때 할아버지가 얼마나 기뻐하실지 생각하니, 아빠

도 덩달아 벌써 행복해지는구나!

소명아, 아빠는 오늘 한 가지를 다시 깨달았어.

바로 우리가 남에게 무언가를 베풀면, 그 사람뿐 아니라 베푼 사람도 기쁨을 얻는다는 거야.

그 기쁨과 보람이 모이면, 그것이 바로 사랑이 되겠지.

그리고 그 사랑이 우리 안에 가득 차면, 우리는 어디에 있든 에덴동산에서 사는 거란다.

그래서 아빠는 지금도 에덴동산에서 살고 있어.

이곳 키르기스스탄이 아빠에게는 에덴동산이란다.

소명아, 너도 어디에 있든 하나님이 주신 기쁨과 사랑을 마음에 가득 채우고 살아가길 바랄게.

꽃씨를 뿌리는 삶

오늘은 나즈굴 아주머니의 이야기를 들려주고 싶어.

나즈굴 아주머니는 간호사야. 그래서 병원에서 일하지만, 진짜 그녀를 필요로 하는 사람들은 병원 밖에 있었어.

노숙자들이 아프면 아주머니를 부른다고 해. 그러면 그녀는 망설이지 않고 찾아가 링거를 놔주고, 약을 챙겨주고, 상처를 돌봐준다는 거야. 돈도 받지 않고,

대가도 바라지 않고. 단지 사람을 살리는 일이니까.

그런 아주머니가 어느 날 한 노숙인의 손에 이끌려 우리 치과에 왔어.

그 노숙인이 말했어.

"아주머니의 치아를 치료해 줄 수 있나요?"

입안을 살펴보니 치아 두 개가 없었어. 오래전부터 없었던 것 같아.

그 빈자리로 위쪽 치아가 내려오면서 공간이 많지는 않았어.

노숙인분들이 그녀에게 무슨 도움을 줄까 생각하다가 우리 치과에 데려온 것 같아.

그래서 임플란트를 해주었단다.

쉽지 않은 시술이었지만, 나즈굴 아주머니가 그동안 노숙인들을 위해 해왔던 걸 생각하니 꼭 해주고 싶었어.

소명아, 우리도 이렇게 주는 삶을 살아야 하지 않을까? 그럼 주는 것이 복일까, 받는 것이 복일까?

소명이도 성경에 나오는 갈릴리 바다, 알지?

거기에는 물고기가 참 많대. 그 물이 요단강을 통해 사해로 흘러가는데, 신기한 건 사해에는 물고기가 한 마리도 살지 못한다는 거야. 똑같은 물인데, 왜 그럴까?

갈릴리 바다는 물을 받아들이고, 또 다른 곳으로 흘려보내. 하지만 사해는 물을 받아들이기만 하고 내보내지 않아. 그래서 결국 죽은 바다가 되고 말았어. 염분이 너무 높아 아무것도 살 수 없는 곳이 되었거든.

우리 삶도 이와 같아.

다른 사람들에게 받기만 하면 우리는 결국 병들고 말아. 몸도, 마음도 말이야.

하지만 받은 것을 흘려보내고, 나누고, 베풀면 생명이 넘치는 삶이 되는 거야.

소명아, 아빠는 지금의 삶이 꽃씨를 뿌리는 것과 같다고 생각해.

임플란트 꽃씨, 틀니 꽃씨, 그리고 사랑의 꽃씨 말이야.

이렇게 꽃씨를 뿌리다 10년쯤 지나 삶을 뒤돌아보

면, 아름다운 꽃밭이 있지 않겠니?

아빠는 이런 꽃밭을 기대하는 것만으로도 좋단다.

다른 사람에게 받기만 하면 그 삶은 결국 메마르고 잡초만 무성할지도 몰라.

하지만 네가 오늘 작은 나눔의 씨앗 하나를 심는다면, 언젠가 너도 아름다운 꽃밭을 볼 수 있을 거야. 이런 꽃밭이 우리 마음에 있다면 우리의 삶은 언제나 기쁨이 가득하지 않을까?

소명이도 늘 좋은 꽃씨를 심으며 살았으면 좋겠어.

과부의 두 렙돈

소명아, 아침에 눈을 뜨자마자 "예수님!" 하고 불러 보렴.

그 순간 주님의 미소가 네 마음 깊숙이 스며들 거야.

아빠도 오늘 아침 그렇게 예수님을 부르며 하루를 시작했단다.

그러면 하루 종일 주님의 따스한 임재를 느낄 수 있어.

예수님은 항상 우리 곁에 계시지만, 우리가 그분을

부를 때 그분이 더 기뻐하시고, 또 우리가 그분과 동행할 수 있다는 걸 기억하자꾸나.

오늘 주님께서 아빠에게 주신 말씀은 마가복음 12장 44절이란다.

한 가난한 과부가 헌금함에 두 렙돈을 넣은 것에 대한 예수님의 말씀이지. 여기서 렙돈은 당시 가장 작은 화폐 단위를 말해.

예수님은 그 과부의 헌금 액수가 아니라 그 마음을 보셨어.

그 과부는 생활비 전부를 드렸단다. 이제 그녀는 아마 정상적인 생활도 어려워졌겠지.

그럼에도 주님은 우리가 그 여인의 선택을 본받아야 한다고 말씀하셨어.

소명아, 아빠는 이 말씀을 묵상하다 문득 이런 생각이 들었단다.

'우리가 정말 이렇게까지 가난해져야 하나?'

솔직히 말해 아빠도 이 치과 봉사를 하면서 걱정될

때가 있어.

임플란트가 하나씩 줄어드는 걸 보면 '이게 다 없어지고 나면 어쩌지?' 하는 생각이 불쑥불쑥 올라오거든.

하지만 예수님도 우리를 부요하게 하시기 위해 스스로 가난해지셨잖니?

그러면서 그 과부의 헌신이 진짜 헌신이라는 걸 다시 깨닫게 되었단다.

과부는 분명 가진 것 전부를 드렸지만, 성경 전체의 흐름을 보면 하나님께서 반드시 그녀의 삶을 지키시고 필요를 채우셨을 거라는 확신이 들어.

그런데 마침 오늘 우리 치과에 한 과부가 찾아오셨어. 그분은 앞니 두 개가 없었어.

쓰레기 마을에 사시는 분이었는데, 치아 무료 치료를 받는 게 미안하셨는지 집에서 정성껏 키운 화분을 들고 오셨더라.

그 화분을 보는 순간 이런 생각이 들었단다.

'이게 과부의 두 렙돈이구나.'

그리고 마음 깊은 곳에서 이런 기도가 나왔어.

'주님, 저도 제 렙돈 두 개를 이분께 드리겠습니다. 제가 이분의 치아를 예쁘게 만들어드릴게요.'

주님은 후하게 주시는 분이시니, 그분의 마음으로 기도하며 치료를 시작했지.

그런데 치료 중에 주님이 말씀하셨어.

"어금니에도 뿌리만 있는 곳이 있는데 임플란트를 해주어라."

다시 보니 진짜 어금니 쪽에 뿌리만 남은 치아가 있었단다.

그래서 그 어금니에도 임플란트를 해드렸어.

소명아, 오늘 아빠는 그 과부에게 임플란트를 선물하면서 예수님의 마음을 조금은 느낄 수 있었단다. 늘 우리에게 더 많은 것을 주고 싶어 하시는 마음 말이야.

그리고 오늘은 룻기 본문으로 설교 준비를 하다가 '기업 무를 자'에 대해서도 깊이 생각해 보게 되었어.

사람들이 자기 소견에 옳은 대로 살아가던 사사 시

대에도 하나님은 다윗, 즉 사사 시대를 끝낼 사람을 준비하고 계셨단다. 우리가 알지 못하는 은혜를 하나님은 이미 준비하고 계셨다는 거야.

예수님도 십자가에서 우리의 기업 무를 자가 되셨어. 그래서 우리가 생명을 얻은 거지.

아빠는 오늘 이런 기도를 드렸단다.

"하나님, 저도 누군가의 기업 무를 자가 되게 해주세요. 제가 없어지고, 제 소유가 없어지고, 제 자존심이 짓밟히더라도, 누군가의 생명이 되게 해주세요."

아빠는 이런 마음으로 섬기는 것이 진짜 선한 청지기의 봉사라고 생각해.

사랑하는 소명아, 우리도 우리가 가진 것이 아무리 작더라도 기꺼이 주님께 드릴 수 있는 믿음을 구하자꾸나.

우리의 소유가 없어지고 자존심이 짓밟히더라도 누군가에게 예수님의 사랑을 전하는 주님의 자녀로 살아가자꾸나.

천국 모델 치과

오늘 아빠는 병원에 도착해서 주님과 함께 청소하며 하루를 시작했단다.

우리 치과는 다른 치과와 많이 다르단다. 환자가 많으면 손해가 나고, 오히려 환자가 적어야 손해가 덜 나는 이상한 치과야. 그래서 아빠는 언제나 주님과 함께 환자를 기다린단다.

오늘은 키르기스스탄 신학교 학장님이 오셨는데, 겸

손하면서도 영적인 기운이 느껴지는 분이셨어. 틀니를 하러 오셨지만, 아빠는 주님이 원하시는 대로 임플란트를 해드렸단다.

소명아, 아빠는 주님의 마음으로 치료하면 어떤 비싼 치료도 아깝지 않고 행복하단다.

오늘 묵상한 말씀은 신명기 33장 29절의 "이스라엘이여 너는 행복한 사람이로다"라는 구절이었어.

《파랑새》라는 책에서 말하듯, 행복은 멀리 있는 게 아니라 가까운 곳에 있단다.

아빠도 우리 즐거운 치과에 그 파랑새가 있다고 생각해.

아빠는 환자의 치아만이 아니라 마음을 치료하고 싶거든.

주님께서는 아빠에게 종종 이렇게 말씀하시는 것 같아.

"이곳은 치아가 아니라 마음을 치료하는 병원 같구나."

그래서 아빠는 늘 스스로에게 이렇게 외치지.

"행복해지려고 하지 말자. 행복할 수밖에 없게 살면 행복은 따 놓은 당상이다."

소명아, 아빠가 책을 쓰고 있는데, 그것은 억지로 이야기를 만들어 쓰는 게 아니란다. 그냥 주님과 동행하며 살아가는 삶 자체를 적으면 그냥 책이 되는 거야. 그래서 이 책 《행복한 양치기 3》도 자연스럽게 나오게 되었단다.

오늘 학장님이 치료를 다 받고 나서 물으셨어.

"돈을 내면 다른 사람도 치료받을 수 있습니까?"

아빠 치과는 돈으로 치료받는 곳이 아니란다. 오직 주님이 허락하신 분들만 치료받을 수 있는 천국 모델 치과지. 그래서 죄송하지만 안 된다고 말씀드렸어.

어떻게 보면 우리 치과는 참 청개구리 같아.

환자가 임플란트를 해달라면 틀니를 해주고, 틀니를 해달라면 임플란트를 해주니까. 그건 사람의 요구가 아니라 주님이 치료를 결정하시기 때문이지.

그래서 결국 중요한 건 환자가 아니라, 아빠 안에 사랑이 있느냐 하는 것이란다.

소명아, 아빠는 24시간 주님과 동행하는 삶을 가장 소중히 여기고 싶어. 그래서 오늘도 예수님과 함께 걸으며, 그분이 위로하고자 하시는 그 한 사람을 찾고 있단다.

소명아, 우리 24시간 주님과 동행하며 살아가자꾸나. 그 삶에 진짜 파랑새가 숨어 있단다.

하나님의 침묵

소명아, 우리가 매 순간 예수님의 이름을 부르면 그분이 응답해 주신다는 것을 알고 있니?

그러면 우리 마음은 다시금 주님을 향하게 되고, 또다시 우리와 동행해 주실 그분의 은혜를 기대하게 된단다.

그런데 우리가 기도하며 주님께 묻고 또 묻는데 아무 말씀도 들리지 않을 때가 있단다. 그럴 때 우리 마음은 금세 불안해지고, 혹시 주님이 나를 잊으신 건 아닐까, 버리신 건 아닐까 하고 의심이 찾아오기도 하지.

하지만 아빠는 오늘 그 주님의 침묵이 결코 그런 것이 아님을 다시 깨달았단다.

오히려 그 침묵은 우리가 주님을 더 신뢰하게 하고, 또 하나님께서 더 큰 은혜를 준비하시는 과정이라는 걸 말이야.

우리가 조급해하지 않고 그 침묵에 머물면, 주님은 우리 믿음을 세워주시고 마침내 가장 좋은 것으로 응답해 주신다는 것을 알게 되었단다.

오늘 밀란 전도사님이 병원에 오셨어.

전도사님은 29년 동안 시골에서 묵묵히 전도하며 살아오신 분이야.

그런데 아직 젊으신데도 치아가 군데군데 11개나 없었어.

그분의 미소 뒤에 숨겨진 사역의 무게가 느껴졌고, 어떻게 치료해야 할지 내 지식으로는 답이 보이지 않았어.

병원 규칙대로라면, 틀니를 해드리는 것이 옳았어. 임플란트를 하기에는 빠진 치아가 너무 많았거든.

그래서 나는 주님께 묻고, 또 물었어.

"주님, 어떻게 해야 할까요?"

그러나 주님은 침묵하셨단다.

파노라마 사진을 찍고 다시 주님께 물었지만, 여전히 응답이 없으셨어.

나는 그분의 치아만 바라보며 한참을 고민했지.

'어차피 틀니를 해야 하는데, 임플란트 몇 개 한다고 무슨 소용이 있을까?'

결국 기도해도 응답이 없으니, 그냥 틀니만 해드려야겠다고 생각했단다.

그런데 바로 그 순간 내 마음 깊은 곳에서 은밀한 주님의 음성이 들려왔어.

"그래도 한 개라도 심어주면 위로가 될 것이다."

그 한마디가 내 마음에 기쁨이 되었단다.

그래서 나는 순종하며 기쁘게 임플란트를 해드렸어.

틀니 치료를 하더라도 그 한 개의 임플란트가 그 사람의 마음을 위로할 수 있다는 것을 주님께서 가르쳐 주신 거지.

소명아, 아빠는 오늘도 주님의 마음을 배웠단다.

주님의 침묵은 결코 방치가 아니며, 오히려 주님을 더 깊이 묵상하게 하고, 마침내 우리를 사랑의 길로 인도하시는 시간이라는 걸 말이야.

말씀만이 아니라, 마음속 깊이 들려오는 은밀한 음성이 주님의 응답일 수 있다는 것도 알게 되었어.

너도 앞으로 살면서 수많은 주님의 침묵을 경험하게 될 텐데, 그때마다 불안해하지 말고, 그 침묵에 담긴 하나님의 사랑을 기억하렴.

주님은 언제나 네 곁에 계시고, 너를 가장 좋은 길로 인도하신다는 것을 말이야.

소명아, 이처럼 주님의 침묵은 사랑이란다.

그러니 그분의 침묵에 머물더라도 그분의 사랑을 배울 수 있는 소명이가 되기를 기도할게.

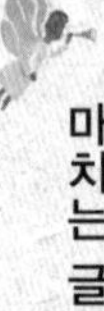

마치는 글

《행복한 양치기 3》을 마치며

《행복한 양치기 3》을 읽어 주셔서 진심으로 감사드립니다.

사람마다 기쁨의 지점은 조금씩 다른 것 같습니다. 어떤 사람은 받을 때 더 기쁘고, 또 어떤 사람은 나눌 때 더 기쁠 것입니다.

저는 키르기스스탄에서 평생 봉사하며 살아온 사람이고, 저희 치과는 무료로 섬기는 치과입니다. 만약 제가 기쁘지 않은 마음으로 나눈다면, 그 나눔은 제 자신에게도 참 슬픈 일이 될 것입니다.

주는 사람도 기쁘고, 받는 사람도 기쁘다면 그보다 더 좋은 삶이 있을까요?

저는 그런 삶이야말로 하나님께서 우리에게 보여주고 싶어 하시는 행복한 삶이라고 믿습니다.

저희 치과가 바로 그런 곳입니다. 주는 사람과 받는 사람이 함께 웃고 기뻐하는 치과입니다.

사람들은 종종 저에게 묻습니다.

"왜 무료로 하시나요?"

아마 500번은 넘게 들었을 질문일 것입니다.

"무료로 하면 귀한 줄 모른다", "무료봉사는 요즘 선교 트렌드가 아니다"라는 말도 참 많이 들었습니다.

저 역시 그것이 주님의 음성은 아닐까 고민하며 비용을 받아볼까 생각한 적도 있었습니다.

그러나 저는 키르기스인과 고려인분들에게 끝내 치료비를 달라고 말할 수 없었습니다. 제 사역은 치료를 통해 사람들의 마음을 위로하고 격려를 전하는 사역이기 때문입니다. 만약 비용을 받는다면 그 위로는 온전히 전해질 수 없다고 느꼈습니다. 무엇보다도, 그 순간 제 안의 기쁨이 사라질 것 같았습니다.

저는 비용을 받느냐, 받지 않느냐보다 내 안에 사랑이 있느냐, 없느냐가 훨씬 더 중요하다고 믿습니다. 환자에게 어떤 치료를 하는 것보다 중요한 것은 제 안에 사랑이 있는가 하는 문제였습니다. 사랑이 있으면 기쁘고, 사랑이 없으면 기쁘지 않더라는 사실을 저는 이 땅에서 배웠습니다.

우리가 다른 사람에게 나누면 그 사람도 기쁘지만, 그 기쁨과 보람은 결국 내 안으로 돌아옵니다. 그 보람이 사랑이 되고, 그 사랑이 마음에 가득 차면 우리의 삶은 에덴이 됩니다. 그래서 저는 키르기스스탄이 천국처럼 느껴집니다.

나눔을 통해 한 가지 분명히 깨달았습니다. 우리가 사랑을 나누면 상대방만 잘되는 것이 아니라, 오히려 내가 더 행복해지고 내 삶이 더 살아난다는 사실입니다.

나누며 살 때 저는 늘 기쁨 가운데 있었습니다. 그

리고 나눔은 사라지는 것이 아니라 형태를 바꾸어 다시 돌아왔습니다. 나누는 삶은 몸과 영혼을 함께 살리는 삶입니다.

이 책을 읽는 여러분도 나눔과 봉사의 삶을 통해 이 땅에서부터 천국의 삶을 누리시기를 진심으로 소망합니다.

감사합니다.

행복한 양치기 3
-소명아 봉사 가자!

1판 1쇄 인쇄 _ 2026년 1월 20일
1판 1쇄 발행 _ 2026년 1월 30일

지은이 _ 김승리
펴낸이 _ 이형규
펴낸곳 _ 쿰란출판사

주소 _ 서울특별시 종로구 이화장길 6
편집부 _ 745-1007, 745-1301~2, 743-1300
영업부 _ 747-1004, FAX 745-8490
본사평생전화번호 _ 0502-756-1004
홈페이지 _ http://www.qumran.co.kr
E-mail _ qrbooks@daum.net / qrbooks@gmail.com
한글인터넷주소 _ 쿰란, 쿰란출판사
페이스북 _ www.facebook.com/qumranpeople
인스타그램 _ www.instagram.com/qrbooks
등록 _ 제1-670호(1988.2.27)
책임교열 _ 최은샘·이주련

© 김승리 2026 ISBN 979-11-24013-52-6 03230

책값은 뒤표지에 있습니다.
이 출판물은 저작권법에 의해 보호를 받는 저작물이므로 무단 복제할 수 없습니다. 파본(破本)은 구입처에서 교환해 드립니다.